fußball: kurios

Oliver Noelle

fußball: kurios

bombus

Heike Barnitzke, Jahrgang 1965, hat die Abseitsregel quasi mit der Muttermilch aufgesogen. Sie entstammt einer Familie von Stadion-Suffragetten und wurde schon im zarten Alter von sieben Jahren ins Münchner Olympiastadion geschleift. Die aktive Laufbahn schlug sie nie ein, schließlich ließ sich vom Spielfeldrand besser mit dem Linienrichter diskutieren. Heute arbeitet sie als Journalistin in Hamburg, leidet regelmäßig auf dortigen Stehplätzen und hat die beneidenswerte Eigenschaft, Spielergebnisse bereits am Stadionausgang wieder zu vergessen.

Oliver Noelle, Jahrgang 1967, arbeitet als Journalist und Autor in Hamburg. Er hat »ein bisschen studiert« (Indologie, Jura, Philosophie), verweigerte aber standhaft das letzte Examen – denn »Entscheidend is' aufm Platz«. Seine Kicker-Karriere begann als Mini-Bub beim SV Henstedt-Rhen und ist noch lange nicht beendet: Er pflügt die linke Außenbahn aller Hamburger Freizeitplätze. Mit anderen Worten: Er hat seit 25 Jahren »nix anderes im Kopp« als Fußball ...

Dank an Andrea, Detlef, Gerd, Hannes, Helga, Helmut, Jens, Miriam und Rupert

Bibliografische Information Der Deutschen Bibliothek
Die Deutsche Bibliothek verzeichnet diese Publikation in der Deutschen Nationalbibliografie; detaillierte bibliografische Daten sind im Internet über http://dnb.ddb.de abrufbar

Dieser Titel wurde rein gefühlsmäßig wohl eher und überwiegend in der alten Rechtschreibung verfaßt/ verfasst. Fehlende Satzzeichen erhalten Sie auf Anfrage beim Verlag.

Cover-Gestaltung: b3K Text und Gestalt GmbH, Christoph Krämer
Satz: AS Typo & Grafik
Fotos, Cover und Innenteil: dpa, picture-alliance
Druck und Bindung: Ebner und Spiegel, Ulm

www.bombus-verlag.de
ISBN 3-936261-40-7

Inhalt

In der Ruhe liegt die Kraft: Der Elefanten-Torwart kann sich sehr gut an die Lieblingsecke des Elfmeterschützen erinnern ...

I. Anstoß

Am 13. Juli 1930 fand in Uruguays Hauptstadt Montevideo das erste Fußball-WM-Spiel aller Zeiten statt – vor nur knapp 500 Zuschauern, bei Schneeregen (!) und leider im falschen Stadion. Das riesige Estadio Centenario war nicht rechtzeitig zu Turnierbeginn fertig geworden, die Teams von Frankreich und Mexiko spielten im klitzekleinen Estadio Pocitos …

Am 9. Juli 2006 wird das Finale der 18. Fußball-Weltmeisterschaft in Deutschland steigen, vor 76.000 Zuschauern im runderneuerten und ausverkauften Berliner Olympiastadion, vor gut 2,5 Milliarden Menschen live im TV (und bei hoffentlich gutem Wetter …).

Diese zwei Daten zeigen die Entwicklung an, die der Fußball in 75 Jahren gemacht hat – und die Bandbreite, in der er heute erlebt wird: Da sind die großen Stars und Mannschaften, die unvergesslichen Spiele und Tore, da sind die knallharten Fakten und Statistiken. Aber da sind ebenso die feinen Risse im (Tor-)Gebälk, die Peinlichkeiten und Skandale, die großen Deppen und die kleinen Nebensächlichkeiten, die doch so viel Spaß machen.

»Fußball: kurios« sammelt einige dieser Ereignisse – berühmte, aber vor allem weniger bekannte – zu einem launigen Lesebuch der Fußballgeschichte: Hier erfährt der Leser, wo der Fußballgott angefleht werden kann, welcher Verein im Elfmeterschießen gegen einen Elefanten antrat (und dabei fast verlor!), wie der Chefkoch der niederländischen Nationalmannschaft für gute Stimmung sorgen musste und welcher Fußballverband einst für vier herausgeholte Eckbälle ein Tor gab. Die kleinen, verrückten Geschichten des Fußballs – ein echtes Heimspiel für jeden Fan. Jetzt geht's wirklich los!

II. Das Salz in der Suppe: Tore, Tore, Tore – und solche, die keine waren

Ein Tor zu schießen sei nur vergleichbar mit dem sexuellen Orgasmus – diesen Satz haben viele berühmte und noch viel mehr unbekannte Stürmer gesagt. Wenn dem wirklich so ist, geht es in diesem Kapitel also eher um Vorspiele, Libidoprobleme und Sex-Unfälle, d. h. um Tore, die gar keine waren bzw. nie hätten fallen dürfen oder bei denen irgendwie irgendwas nicht geklappt hat …

Nur ein einziger Treffer beim Torwandschießen – aber was für einer!

Weltmeister als Spieler (1974), Weltmeister als Teamchef (1990), Mastermind hinter der deutschen WM-Bewerbung 2006 und seitdem abwechselnd Favorit für die UEFA- oder FIFA-Präsidentschaft – Franz Beckenbauer ist halt der letzte deutsche »Kaiser«, der gefühlte Bundeskanzler, die »Lichtgestalt des deutschen Fußballs«. Klar, dass dieser Mann nicht nur im Großen (d.h. auf dem Fußballfeld bzw. am runden Tisch) außergewöhnliche Leistungen vollbringt (nein, seine vier Eigentore in der Bundesliga sind nicht gemeint – da hält der HSV-Spieler Peter Nogly den Rekord mit sechs Treffern in die falsche Richtung), sondern auch im Kleinen, d. h. in diesem Fall im *Aktuellen Sportstudio* des ZDF. Der Präsident des FC Bayern hat 1983 die Fußballschuhe an den Nagel gehängt, daher musste er 1994 nicht mehr wie üblich gleich sechs Schüsse abgeben (drei unten, drei oben). Ein einziger Schuss genügte – und der machte Fernsehgeschichte: Franz Beckenbauer schoss die Pille mit der Pike seines sündhaft teuren Schuhs vom Rand eines gefüllten Weizenbierglases in Richtung Torwand und – unfassbar – versenkte ihn tatsächlich rechts unten …

Pelé verwandelt einen Elfer – und das ganze Land dreht durch

1284 Tore erzielte Edson Arantes do Nascimento, genannt Pelé, in seiner Fußballerkarriere (nur einer traf öfter, der Brasilianer deutscher Abstammung Artur Friedenreich mit 1329 Treffern) – aber keines wurde so bejubelt wie das Jubiläumstor, die Nummer 1000. Am 19. November 1969 war es soweit, im Auswärtsspiel seines FC Santos bei Vasco da Gama Rio de Janeiro – ausgerechnet im altehrwürdigen Estadio Maracaná! Es gab einen Elfmeter für Santos, und Pelé, der bereits seit einigen Wochen auf diesen historischen Augenblick wartete, schritt zur Tat. Er schoss den Ball hinein, lief hinterher, hob ihn auf und küsste ihn. Sein Heimatland Brasilien reagierte ekstatisch: Das Spiel wurde zunächst unterbrochen, im ganzen Land wurden die Kirchenglocken geläutet, die Menschen tanzten auf den Straßen. Pelé selbst wurde von den Spielern – auch denen von Vasco – auf den Schultern getragen und bekam ein Trikot mit der 1000 übergezogen. Und staatstragend wurde das Ganze auch noch: Der brasilianische Präsident rief einen Feiertag aus und die brasilianische Post ließ eine Sonderbriefmarke drucken.

Rummenigges Technik oder: Eine gelbe Karte für das »Tor des Monats«

Karl-Heinz Rummenigge hat viele wichtige Tore für seine Klubs Bayern München und Inter Mailand bzw. die deutsche Nationalmannschaft geschossen, sechsmal sogar hat er das ARD-»Tor des Monats« erzielt. Sein verrücktester Treffer war wohl der in der Vorbereitungsphase der Saison 1981/82 – denn nie zuvor wurde der Stürmer für einen schönen Treffer vom Schiedsrichter bestraft! Im Freundschaftsspiel des FC Bayern in Aachen gegen den FC Brügge aus Belgien (5:0) hatte er das vierte Tor in wunderbarer Weise erzielt: Allein ging Rummenigge auf den Keeper zu, ließ ihn locker aussteigen und stand vor dem leeren Tor der Brügger. Kein Gegner lief hinter ihm her, um das Unvermeidliche doch noch abzuwenden. So nahm Rummenigge sich ein paar

Sekunden Zeit, hielt den Ball ein wenig in der Luft und köpfte ihn schließlich aus ca. fünf cm Entfernung über die Linie. Begeisterung bei den Zuschauern, Freude bei den Bayern, und Entrüstung beim Schiri. Wegen »Unsportlichkeit« setzte es die gelbe Karte für einen Treffer, der kurze Zeit darauf zum ARD-»Tor des Monats« gewählt wurde.

Zum ersten Mal bauscht sich ein Tornetz offiziell: Jarvis Kenrick trifft für die Clapham Rovers

Der Urknall des modernen Torjubels fand natürlich in England statt. Am 11. November 1871 spielten die Clapham Rovers in der ersten Runde des erstmals ausgespielten FA-Cups – des ältesten Fußballwettbewerbs der Welt – gegen Upton Park. Die Partie fand nicht etwa auf einem Fußballplatz statt, sondern auf der Wiese eines öffentlichen Parks. Der damals 18-jährige Kenrik traf beim 3:0-Sieg gleich zweimal, er ist damit auch der erste Spieler, dem ein Doppelpack gelang … In der 2. Runde schied Clapham allerdings mit 1:3 bei dem späteren Sieger London Wanderers aus. Doch Jarvis Kenrick scheint einen guten Eindruck hinterlassen zu haben, jedenfalls wechselte er später zu den Wanderers und gewann mit ihnen noch dreimal den FA-Cup.

Ein Assist von der Polizei: Das Tor von Juan Peregrino Anselmo im Jahr 1930

Im Halbfinale der Weltmeisterschaft 1930 hatten die Gastgeber aus Uruguay so ihre Schwierigkeiten mit den überraschend starken Jugoslawen. 0:1 stand es plötzlich nach vier Minuten – da half der Schiri ein wenig nach. Der Ausgleichstreffer »fiel« trotz klarer Abseitsposition, ein Treffer der Gäste wurde nicht anerkannt, dann traf Uruguay zum 2:1. Für den dritten, vorentscheidenden Treffer sorgte zur Sicherheit die Polizei gleich selbst! Bei einem Angriff hatte der Ball die Torauslinie der Jugoslawen überschritten, doch ein Polizist kickte das Leder wieder zurück aufs Spielfeld – genau zu

Juan Peregrino Anselmo. Der Stürmer von Penarol Montevideo fackelte nicht lange: 3:1. Am Ende siegte Uruguay deutlich 6:1 und wurde nach einem 4:2 im Finale gegen Argentinien der erste Fußballweltmeister.

Drei Meter und ein Möbelwagen: Das Kunststück des Frank Mill

»Der trifft ja aus drei Metern keinen Möbelwagen« oder »Das war ja schwerer, den Ball daneben zu hauen als ins Tor« sind beliebte Ausrufe verzweifelter Fußball-Fans, wenn ihre Mannschaft mal wieder eine 100%ige Chance versemmelt hat. Am ersten Spieltag der Saison 1986/87 lieferte der Dortmunder Stürmer Frank Mill den ultimativen Beweis, wie wenig manchmal 100% sind: Im Spiel seines BVB bei Titelverteidiger Bayern München (Endstand 2:2) hatte er die Abwehr der Roten bereits ausgetanzt und auch Keeper Pfaff lässig liegen lassen. Doch irgendwie hatte »Frankie« wohl schon darüber nachgedacht, wie er diesen Treffer denn bejubeln wollte. Jedenfalls dribbelte der Nationalspieler unschlüssig vor sich hin, bis er etwa drei Meter vor dem Kasten der Bayern stand, und ditschte den Ball an den Außenpfosten – unfassbar!

Die »Hechthacke«: Fritz Walter und das einzig wahre Jahrhunderttor

Vielen Fußballgenies wird ein »Jahrhunderttor« nachgesagt – wie z. B. Diego Maradona (gegen England 1986), Michael Owen (gegen Argentinien 1998) oder Pelé (gegen Schweden 1958) – allesamt erzielt bei Weltmeisterschaften. Kein Wunder, dass das einzig wahre Jahrhunderttor – erzielt »nur« in einem Freundschaftsspiel 1956 zwischen Wismut Karl-Marx-Stadt und dem 1. FC Kaiserslautern (3:5) – vom Bekanntheitsgrad da nicht mithalten kann. Fritz Walter, Kapitän des FCK und der deutschen Nationalmannschaft, zeigte vor 120000 Zuschauern im Leipziger Zentralstadion seine überirdische Kunst: Nach einer Ecke sprang er wie zum

Hechtkopfball nach vorn, nahm den Ball mit der Hacke im Flug und kickte ihn in den Winkel. Zufall soll es laut Fritz Walter nicht gewesen sein. Er hätte im Lauf seiner Karriere zehn solcher Tore gemacht, hieß es.

Unhaltbar: Vlado Kasalo, der Kopfballspezialist vom 1. FC Nürnberg ...

Der kroatische Abwehrspieler Vlado Kasalo hinterließ in der Saison 1990/91 einen unauslöschlichen Eindruck bei den Fans des 1. FC Nürnberg. Er schoss für den Abstiegskandidaten ein wichtiges Tor – leider in die falsche Richtung: Am 21. Spieltag köpfte er beim 0:1 gegen den VfB Stuttgart den Treffer des Spiels, absolut unhaltbar für Club-Keeper Andreas Köpke ... Prompt war der 1. FC Nürnberg auf einem Abstiegsplatz. Eine Woche später traf er auch noch zum 0:2 beim Karlsruher SC! Sein Verein reagierte sofort und entließ Vlado Kasalo fristlos. Er soll mit den Treffern Wetten gegen den 1. FC Nürnberg sicher gemacht und so seine Wettschulden »bezahlt« haben.

Tango zu fünft: Jay Jay tanzt mit Kahn & Co.

Das »Tor des Jahres« 1993 in Deutschland – vielleicht haben einige Betroffene davon immer noch ’nen Brummkreisel: Augustine Okocha von Eintracht Frankfurt, genannt Jay Jay, erzielte drei Minuten vor Schluss das entscheidende 3:1 gegen den Karlsruher SC. Und wie! Wenige Meter vor dem KSC-Tor schlug Okocha mit dem Ball am Fuß Haken wie ein wild gewordener Voodoo-Priester und ließ Torwart Oliver Kahn sowie die stolzen Abwehrrecken Dirk Schuster, Burkhard Reich und Vitali Schmarow ganz schön alt aussehen. Irgendwann in dieser bizarren und ewig anmutenden Szene – die Gegner waren bereits mehrfach zu Boden gegangen und wieder aufgestanden – versenkte er den Ball im Tor. Schade eigentlich ...

ManU gegen Tottenham: Tor aus 50 Metern und dennoch 0:0

Die 89. Minute des Premier-League-Spieles zwischen Manchester United und Tottenham Hotspur 2005 sorgte für eine der spektakulärsten »Nicht-Tore« der letzten Zeit. Um dem Druck der Gastgeber zu entgehen, hielt Tottenhams Mendes aus 50 Metern mal aufs Tor – ManU-Keeper Roy Carroll wollte das Leder fangen, doch von seiner Brust prallte es gegen die Arme und dann zurück Richtung Torlinie. Carroll hechtete dem Ball hinterher, erwischte ihn jedoch erst etwa einen Meter (!) hinter der Linie mit dem rechten Arm und schlug ihn aus dem Tor. Und die Schiedsrichter? Machten keinerlei Anstalten, den Treffer zu geben! Eine der krassesten Fehlentscheidungen der Fußballgeschichte verhinderte den ersten Sieg Tottenhams bei Manchester United seit 16 Jahren.

III. Nix mit »Eintracht«: Die Klubs und ihre Namen

Namen sind Schall und Rauch – allerdings nicht bei der schönsten Nebensache der Welt! Der Fan eines Fußballklubs ist genauso vernarrt in dessen Namen wie in dessen Farben oder Stadion. Seien die Titel schlicht wie Liverpool FC oder geheimnisvoll gedrechselt wie Dnjpr Dnjpropetrowsk bzw. Indepediente de Avellaneda – egal. Die Psychologie der Vereinsnamen ist facettenreich und gehorcht nicht dem Prinzip »Nomen est omen«. Einfacher Beweis: Der ewige Meister Bayern München hätte bei der Gründung im Jahr 1900 richtigerweise Preußen München heißen müssen – denn Franz John, der Anführer von sinnigerweise elf (!) Abtrünnigen des MTV München, die im Münchner Restaurant *Gisela* den FC Bayern gründeten (und von denen er auch gleich zum ersten Präsidenten gewählt wurde) kam aus Berlin, war also ein »Saupreiß« …

Von Shakespeare, Waffen und Wochentagen: Was alles zu einem Vereinsnamen führen kann

Die Engländer haben sich natürlich auch als Namensgeber für ihre ersten Fußballklubs nicht lumpen lassen – einige der skurrilsten Ideen stammen selbstverständlich von der Insel: So hieß Sheffield Wednesday in den Gründertagen einfach nur The Wednesday – die Väter des Vereins pflegten sich halt immer mittwochs zum buffen zu treffen. Arsenal London nannte sich zunächst Woolwich Arsenal, weil der Verein von Arbeitern der Waffenfabrik Royal Arsenal in Woolwich gegründet worden war – daher auch heute noch der Spitzname »The Gunners«. Und der Nord-Londoner Rivale Tottenham Hotspur bemühte sogar den berühmten William Shakespeare als Namenspatron: Henry Hotspur ist eine Figur aus dem Drama *Henry IV.*, der angeblich eine echte Person aus dem 14. Jahrhundert zugrunde lag, Sir Henry Percy aus Tottenham.

Weltrekord mit neun »Titeln« – im Vereinswappen: Juventus Bukarest

Juventus Bukarest ist wahrscheinlich der einzige Verein der Welt, dessen Fans beim Torjubel den Namen verwechseln können ... Kein Wunder: Juventus heißt im Italienischen »die Jugend« – an Juventus Bukarest war allerdings jahrelang nur eines jugendlich: der Vereinsname zu Beginn der Saison. Von 1948 bis 1952 änderten die Bosse jedes (!) Jahr den Vereinsnamen, zogen schließlich in eine andere Stadt und änderten den Namen noch zweimal. Die genaue Reihenfolge zum Merken: Juventus Bukarest, Distributia Bukarest, Petrolul Bukarest, Competrol Bukarest, Partizanul Bukarest, Flacara Bukarest, Flacara Ploiesti, Energia Ploiesti und zu guter Letzt Petrolul Ploiesti. Da werden Schlachtgesänge zu Gedächtnisproben! Die Strafe von oben folgte auf dem Fußballstiefel: Der vierfache rumänische Meister (unter welchem Namen bloß?) musste insgesamt sechsmal aus der ersten Liga absteigen ...

Nomen non est omen: Wismut Karl-Marx-Stadt spielte zehn Jahre lang in – Aue ...

Ein Verein, der seine Heimspiele nicht im »eigenen« Stadion austrägt – das hat es immer wieder mal gegeben. Aber ein Verein, der nicht in der »eigenen« Stadt spielt? Die DDR-Sportführung – bekannt dafür, immer wieder in die Belange des Fußballs einzugreifen – beschloss 1954, dass der erfolgreiche Klub Wismut Aue ab sofort in der Bezirkshauptstadt Karl-Marx-Stadt spielen sollte. Den Zwangsumzug konnten die wild protestierenden Auer gerade noch verhindern, nicht aber die Umbenennung ihres Vereins. So spielte Wismut Karl-Marx-Stadt bis 1963 im idyllisch gelegenen Auer Erzgebirgestadion – und wurde »inkognito« dreimal DDR-Meister und einmal FDGB-Pokalsieger ...

Die Anfänge bei Werder Bremen: Per Brustschwimmen zum Training?

Der vierfache Deutsche Meister und Europapokalsieger von 1992, Werder Bremen, kann mit einigem Stolz auf die Entstehungsgeschichte seines Namens zurückblicken – hat die doch viel mit der eigenen Stadt und ihrem Fluss zu tun: 1899 gründeten 30 Jungen in Bremen einen Fußballverein und rätselten über den Namen, den sie ihm geben sollten. Da die Burschen bereits seit mehr als einem Jahr trainierten – übrigens jeden Mittwoch, Samstag und Sonntag –, benannten sie den Klub einfach nach ihrem Übungsgelände. Das war eine Flussinsel in der schönen Weser, Fachterminus »Werder« …

Drei Meter hoch springen bei nur drei cm Körpergröße – ganz so lief es nicht beim Debüt der »Grashüpfer«

1886 begeisterte der englische Biologiestudent Tom E. Griffith seine Kommilitonen an der Universität Zürich für den Fußball. Er gründete einen Verein und benannte ihn (natürlich auf Englisch) nach seinem Lieblingstier – leider war das der Grashüpfer … Der Grashopper-Club Zürich war geboren. Im ersten Spiel des später sehr erfolgreichen Klubs (28-mal Schweizer Meister) wiesen die Gründungsväter allerdings noch nicht die Schnelligkeit und Geschicklichkeit ihrer studierten Namenspatrone auf. Beim Duell mit dem Züricher Polytechnikum gab es zwar keine Tore, dafür aber drei Verletzte und einen beschädigten Torpfosten …

Seefahrer, Häuptlinge, Lehrer – Vorbilder sind manchmal auch unbekannt …

Einige Klubs haben sich bei der Namensgebung an wirklichen Personen orientiert – Vorbilder und Ikonen, denen es auf dem Fußballfeld nachzuahmen galt. So hat sich der Verein der Portugiesen in Rio de Janeiro 1898 nach dem portugiesischen Nationalhelden, dem Seefahrer Vasco da Gama, benannt. Andere Vereine waren nicht ganz so protzig: Die Gründer von Newell's Old Boys aus dem argentinischen Rosario hatten 1903 eine andere Idee. Sie waren von ihrem früheren Lehrer, dem weit gereisten Engländer Prof. Isaac Newell, so beeindruckt, dass sie ihrem Klub dessen Namen gaben. Der chilenische Klub Colo Colo aus der Hauptstadt Santiago benannte sich nach Indianerhäuptling Colo Colo. Der hatte erfolgreich gegen die europäischen Eindringlinge gekämpft.

IV. Unbekannte Fußballmächte – Von denen werden wir noch eine Menge hören

Geschenkt: Kleine Fußballnationen gibt es nicht mehr. Wer wüsste das besser als Rudi Völler oder die Anhänger der deutschen Fußballnationalmannschaft, die sich immer wieder wundern, wenn es mit ihrem hoch gelobten Team – immerhin dreimal Weltmeister und überhaupt – nur zu einem 1:1 gegen einen unbeleckten Gegner wie Island reicht. Der professionelle Fußball ist längst globalisiert. Spieler aus China oder Finnland, aus dem Iran oder der Rugby-Hochburg Australien spielen in den ersten europäischen Ligen. Und dennoch: Es gibt blinde Flecken auf der Fußball-Landkarte. Und die füllen – wer weiß es? – sich vielleicht bald auf der großen Stadionbühne. Sage keiner, er hätte es nicht gewusst!

Grönland – Kicken im ewigen Eis

»Es ist schon irre, wieviel Geld heute im Fußball steckt. Als Nationaltrainer von Grönland wurde ich mit Fisch und Krabben bezahlt und durfte im Hundeschlitten jagen«, erzählt Sepp Piontek, ehemaliger Nationaltrainer Grönlands. Die Durchschnittstemperatur auf Grönland liegt leicht über oder deutlich unter dem Gefrierpunkt, je nachdem, wo man sich befindet. Knapp 90 Prozent der größten Insel der Erde sind mit Eis bedeckt. Die Inuit wurden schon 1741 von einem dänischen Missionar dabei beobachtet, wie sie einem Ball hinterherjagten. Mit Fußball hatte das Spiel, das ganze Siedlungen beschäftigte, wenig zu tun, aber es hielt warm. Erst dänische Forscher und Arbeiter brachten zu Beginn des 20. Jahrhunderts das wahre Spiel mit dem runden Leder nach Grönland. Der Fußballverband, dem inzwischen rund 50 Vereine – bei rund 60 000 Einwohnern! – angehören, wurde 1971 gegründet. Nur eines fehlt noch, damit die Kicker in den blauweißen Trikots mit dem Eisbären auf der Brust in ihrem Nationalstadion in Nuuk so richtig groß rauskommen. Doch FIFA und UEFA verweigern bisher aus fadenscheinigen Gründen die Aufnahme. Da hilft es auch nicht, dass der grönländische Fußballverband schon vorher einräumt, auch nach Aufnahme nicht an internationalen Wettbewerben teilnehmen zu wollen. So spielt man bis auf weiteres nur gegen Jersey-Guernsey, die Isle of Wight oder Gibraltar. Oder gegen Tibet.

Tibet – Kicken auf Brachland

Am 30. Juni 2001 war es in Kopenhagen soweit. Die tibetische Nationalmannschaft, erst ein Jahr zuvor gegründet, spielte das erste Länderspiel seiner Geschichte – gegen Grönland. Die Mannschaft, vorwiegend Exil-Tibeter, soll zwei Jahre im indischen Dharamasala, dem Wohnsitz des Dalai Lama, auf Brachland trainiert haben. Und natürlich war das Ganze eine hoch politische Sache: Die Volksrepublik China protestierte erwartungsgemäß vehement gegen das Länderspiel. Größere Sorgen jedoch machten sich die grönländischen Politiker. Sie befürchteten, dass China als Revanche für das hoch brisante Match den lukrativen Krabbenimport unterbinden würde. Wie dem auch sei: Tibet ging durch einen Stürmer namens Lobo, der somit auch das erste Länderspieltor in der tibetischen Fußballgeschichte schoss, in Führung, verlor aber dann noch 1:4. Weitere diplomatische Verwicklungen wurden nicht berichtet.

Vatikan – Gott spielt immer mit

44 Hektar Staatsfläche, rund 1000 Einwohner. Auf dem Petersplatz, im vatikanischen Museum und in den päpstlichen Gemächern sowie in der Sixtinischen Kapelle ist das Ballspiel ohnehin untersagt. Da bleibt wenig übrig für die Gestaltung von Fußballplätzen. Folgerichtig sind die Vatikaner 1993 auf Calcetto umgestiegen – das Spiel fünf gegen fünf auf einem Kleinfeld. Seit 1972 wird eine offizielle Meisterschaft ausgespielt. Da kämpfen einmal im Jahr die Bediensteten der Vatikanischen Museen gegen die Männer von

Radio Vatikan, die Mitarbeiter der staatlichen Zeitung »Osservatore Romano« gegen den Rekordmeister vom Telefondienst, die Schweizergarde, die sich über jede Art von körperlicher Bewegung freut, gegen die Postangestellten. Vatikanische Pässe haben jedoch nur die Mitglieder der Schweizergarde, sodass die Vatikanauswahl in ihren gelb-weißen Landesfarben so gut wie gar nicht zum echten Länderspiel antritt. Gegen San Marino reichte es immerhin 1994 zu einem 1:1-Unentschieden.

China – die Wiege des Balltretens

Auch wenn sich die Nationalmannschaft der Volksrepublik bei ihren bisherigen internationalen Auftritten nicht unbedingt mit Ruhm bekleckert hat: Fußball spielt man schon sehr lange im riesigen Reich der Mitte. Ts'u-chü, »Balltreten«, wurde das Spiel, eine Art rituelles Elfmeterschießen, genannt. Schon der Gründer der Han-Dynastie ließ im 3. vorchristlichen Jahrhundert, wenn man den Quellen Glauben schenkt, nach seinem Umzug in den kaiserlichen Palast als Erstes ein Spielfeld einrichten. Gespielt wurde mit einem Lederball, der mit Haaren und Federn gefüllt war. 1200 Jahre später wurde dieser durch einen hohlen und leichteren Ball ersetzt. In der Folge bekamen auch die Hofdamen Spaß am Balltreten. Ob die besungenen Spiele gegen die »Barbaren aus dem Westen« wirklich stattfanden? Das dürften die ersten Länderspiele der Fußballgeschichte sein! Die tatsächlichen Regeln des Ur-Kicks lassen sich heute allerdings nur noch erahnen. Mindestens zwei Spieler waren auf jeder Seite wohl nötig. Und wahrscheinlich ging es beim »Balltreten« in erster Linie um Technik und Ballbeherrschung, denn Tore oder Punkte wurden nicht vergeben.

Japan – Hier wird der Fußballgott verehrt

Das Land der aufgehenden Sonne könnte ein wahrer Hort filigraner Balltechniker sein. Kemari heißt das Spiel, das Japaner schon seit dem 8. Jahrhundert praktizieren. Und es ist ganz einfach: Vier, fünf, sechs oder mehr Spieler stellen sich in die Runde und spielen sich gegenseitig einen fluffigen Ball aus Hirschleder zu. Die einzige Regel des 20-minütigen Spiels lautet, dass der Ball den Boden nicht berühren darf. Das ballistische Zeremoniell wird auf einem Spielfeld namens Kikutsubo gespielt, dessen Ecken jeweils mit einer Weide, einem Kirschbaum, einer Zeder und einer Pinie markiert werden (praktischerweise in Kübeln, damit man das Spielfeld verschieben kann). Das goldene Zeitalter des Kemari lag im 12. Jahrhundert, doch gespielt wird es bis heute fast überall, z. B. an Festtagen in Kyoto. Dort treffen sich im Shimogamo-Schrein fröhliche Spieler, die sich die Kugel zulupfen. Moderne Ballprofis jedoch dürften am Shiramine-Schrein in der alten Kaiserstadt Kyoto zu finden sein. Hier suchen sie Beistand bei einer Gottheit, die speziell für Ballspiele zuständig ist. Alemannia Aachen soll aufsteigen? Hinfahren, dreimal in die Hände klatschen und einen kleinen Zettel aufhängen. Dann könnte es klappen.

Hacke, Spitze, eins, zwei, drei: Ob FIFA-Präsident Sepp Blatter das Kemari-Outfit genehmigen würde?

V. Der Stoff, aus dem die Träume sind: Trikots, Hosen & Co.

»Kleider machen Leute« – und schöne Jerseys machen große Klubs! Das königlich strahlende Weiß der Spielkleidung von Real Madrid (Vorbild war 1902 übrigens Corinthians London, ein Team gesetzter Adliger, das Ende des 19. Jahrhunderts für Benefizspiele umhertingelte) hat einen nicht zu vernachlässigenden Anteil an der Berühmtheit der »Galaktischen«. Anders als ganz in Weiß sind Di Stefano, Gento oder Raul gar nicht vorstellbar! Als Gegenbeispiel mag der FC St. Pauli gelten – wie kann ein Verein in derart tiefbraunen, an Hundebähbäh gemahnenden Trikots jemals irgendetwas gewinnen!? Kein Wunder, dass die Fehlpassrate der Kiezkicker so hoch ist, wer überlässt einem derart hässlich gekleideten Mitspieler schon freiwillig den Ball ... Das Auge spielt halt mit: Real Madrid gewann neunmal den Europapokal der Landsmeister bzw. die Champions League, der größte Erfolg des FC St. Pauli war das Erreichen des Halbfinales der Deutschen Meisterschaft im Jahre des Herrn 1948.
Nicht immer allerdings geht bei der Auswahl der passenden Kleidung – ob Trikot, Hose, Schuhe oder gar Stutzen – alles glatt. Im Folgenden ein paar kleine und große Unfälle beim »an die Wäsche gehen« ...

Buntwäsche mal anders – Wie der AC Florenz zu seinen violetten Trikots kam

Weiße Hosen, rote Trikots – das war die reguläre Spielkleidung des im Jahr 1926 gegründeten AC Florenz. Doch dann steckte eine eifrige Waschfrau beides gemeinsam in die Maschine ... Wie dem auch gewesen sein mag: Heraus kam eine schwer definierbare, entfernt an die Farbe Lila erinnernde »Buntwäsche«. Bei der Fiorentina reagierte man pragmatisch und spielte weiter mit den alten Trikots in der neuen Farbe. 1929 wurde sogar die Vereinsfarbe offiziell gewechselt: von Rot-Weiß zu Violett. Und nach dem Konkurs 2002/03 nannte sich der neue Klub natürlich Florentia Viola …

Ganz Brasilien erbleichte – Nie wieder in Weiß!

Die tragische Pleite Brasiliens bei der WM 1950 – im letzten Spiel unterlagen die Gastgeber im Estadio Maracaná vor fast 200 000 Zuschauern gegen Uruguay mit 1:2 und wurden nur Vizeweltmeister – hatte auch Folgen für die Fußballmode weltweit. Nie wieder würde die *Selecao* in der traditionell weißen Spielkleidung mit blauem Kragen spielen. Stattdessen wurde ein Wettbewerb für neue Jerseys ausgeschrieben. Bedingung für den Gewinner: Die neue Kleidung sollte aus den Nationalfarben Brasiliens bestehen – egal, in welcher Kombination. Trotz namhaften Teilnehmerfeldes gewann der unbekannte, damals 19-jährige Aldyr García Schlee (der an der Grenze zu Uruguay lebte und eigentlich die uruguayische *Celeste* lieber mochte …) mit folgender Idee: Trikots gelb wie Kanarienvögel, Hose himmelblau, Stutzen weiß. Peinlich: Da Schlee beim Zeichnen kein Kobaltblau hatte, benutzte er das (falsche) Himmelblau – das schließlich auch vom Verband zugelassen wurde … Im ersten WM-Finale mit »des Kaisers neuen Kleidern« (5:2 gegen Gastgeber Schweden 1958) spielte Brasilien gar nicht in den neuen Jerseys – weil die Schweden in denselben Farben antraten. Am Tag des Endspiels fuhr die brasilianische Mannschaft daher in die Innenstadt von Stockholm und kaufte blaue Trikots – natürlich wieder nicht in Himmelblau, sondern in Dunkelblau … Apropos: Auch das Mutterland des Fußballs, England, hat eine Farbaversion. Ein einziges Mal in der englischen Länderspielgeschichte trat die Nationalmannschaft in blauen Trikots an, 1950 beim WM-Spiel in Brasilien gegen die Amateure aus den USA. Nach der sensationellen 0:1-Niederlage wurden die ganz unten im Koffer verstaut – und nie wieder angezogen.

Strandfußballer verboten: Die Inder können gerne barfuß spielen – nur nicht bei der WM

Bei den Olympischen Spielen 1956 überraschte Indien die Fußballwelt: Nach einem 4:1 im Viertelfinale gegen Gastgeber Australien verlor Indien im Halbfinale 1:4 gegen Jugoslawien und im Spiel um Platz drei 0:3 gegen Bulgarien und holte schließlich einen sensationellen vierten Platz. Der Knüller: Die indischen Spieler traten ohne Schuhe an und hatten die Füße lediglich mit Lappen umwickelt. So ausgestattet wollten die Inder auch die Qualifikationsspiele zur Weltmeisterschaft 1958 bestreiten. Doch nicht mit der FIFA! Nach einigem Hin und Her per Brief und Telegramm verzichteten die Ballstreichler vom Subkontinent schließlich auf die WM-Teilnahme.

Glückwunsch mal elf: Rosen für den Aufsteiger – auf Trikot und Hose …

Nach dem Aufstieg von Wattenscheid 09 im Jahr 1990 überlegte sich Managerin Britta Steilmann, wie das erste Bundesliga-Spiel der Vereinsgeschichte gegen Werder Bremen gebührend gefeiert werden könnte. Da ihr Vater und 09-Präsident Klaus Steilmann eine florierende Modefirma besaß, kam es zu folgender Idee: Die Rosen zum Aufstieg werden den Spielern nicht »in echt« überreicht, sondern zugleich mit der Spielkleidung – auf den schwarzen Hosen prangte jeweils eine rote Rose, die weißen Trikots wurden durch rosenförmige Konturen verziert! Die Mannschaft spielte dennoch nicht blumig-naiv: Werder Bremen wurde 2:0 besiegt, und am Ende der Saison konnte Wattenscheid den Abstieg vermeiden. Ob der Klassenerhalt von der Managerin mit elf Rosen (oder gar fleischfressenden Orchideen …) auf den 09-Abendanzügen belohnt wurde, ist nicht überliefert …

Neapel, Malmö, Mar del Plata – das waren mal WM-Trikots!

Drei Fußballvereine kamen zu der Ehre, ihre Klubjerseys für Spiele bei Weltmeisterschaften zur Verfügung zu stellen. Bei der WM 1934 in Italien trafen beim Spiel um Platz drei in Neapel Deutschland und Österreich aufeinander – doch keines der Teams wollte auf die gewohnte schwarz-weiße Spielkleidung verzichten! Nach einem Tor für Deutschland in der ersten Minute durch Stürmer Ernst Lehner (viele Zuschauer glaubten, Österreich führe 1:0 und jubelten …) ordnete der Schiedsrichter – nach minutenlangem Lamento – an, dass Österreich die hellblauen Trikots des AC (heute bekannt als SSC) Neapel anziehen musste. Die farblich desorientierten Österreicher verloren prompt 2:3.

Beim WM-Gruppenspiel 1958 in Malmö wurde erneut ein deutscher Gegner in die Umkleide zurückgeschickt. Diesmal musste Argentinien das traditionell hellblau-weiß gestreifte Jersey gegen das des gastgebenden Vereins Malmö FF tauschen – ausgerechnet in brasilianischem Gelb gehalten! Die Farbe des Fußball-Erzfeindes brachte den Gauchos kein Glück: Trotz schneller 1:0-Führung hieß es am Ende 1:3.

1978 schließlich wollten die bereits ausgeschiedenen Franzosen und Ungarn im letzten, bedeutungslosen Gruppenspiel im argentinischen Mar del Plata jeweils in unschuldigem Weiß antreten. Schließlich lieh der ansässige Zweitligist Kimberly Mar del Plata den Franzosen seine giftgrünen Trikots – trotz dieses Farb-Faux-pas' blieb die ansonsten modebewusste *Grande Nation* mit 3:1 siegreich …

Runter mit der Hose – raus aus dem DFB-Pokal …

Der HSV-Flankengott mal selbst mit offener »Flanke« – Gert Dörfel im DFB-Pokal-Halbfinale 1959: Beim Heimspiel seiner Rothosen vom Hamburger SV gegen Schwarz-Weiß Essen lief er am gegnerischen Torwart Karl-Heinz Mozin vorbei und staunte: Mozin war eigentlich Feldspieler und hütete lediglich als Ersatz für den verletzten Stammkeeper Meckel das Essener Tor. In Ermangelung passender Torwartausrüstung hatte er die Schiedsrichterjacke angezogen. Als »Charly« Dörfel an ihm vorbeilief, hechtete Mozin hinterher und riss ihm flink die Rothose herunter! Der Schiedsrichter pfiff kein Foul, und »unten ohne« vergaß Dörfel vor Schreck, auf das Essener Tor zu schießen (den Sack zuzumachen, wie es in der Fußballersprache heißt ...). Ergebnis: 1:2 n. V. und Schwarz-Weiß Essen im Pokalfinale!

Jens Martin Knudsen: der Torwart, der den Ball mit der Mütze hält ...

1990 traten die Färöer Inseln zu ihrer ersten offiziellen Länderpartie an – und gewannen sensationell das EM-Qualifikationsspiel gegen Österreich mit 1:0 (übrigens fand das Spiel in Schweden statt, die Färöer Inseln hatten damals noch keinen den UEFA-Regeln entsprechenden Rasenplatz ...). Held des Spieles war der Torwart der Gastgeber, Jens Martin Knudsen: Er hielt gegen den Favoriten seinen Kasten sauber – und benutzte ein bis dato in der Fußballhistorie unbekanntes »Hilfsmittel«: eine weiße Pudelmütze! Die benötigte Knudsen übrigens nicht, um sich vor zu viel Sonne zu schützen oder den Gegner lächerlich zu machen, sondern um seine empfindlichen Ohren zu wärmen. Ergebnis: zwei Punkte für die Färöer und keine Erkältung für Knudsen ...

15-mal ungewaschen – 15-mal ungeschlagen: Udos blauer Pullover

Und noch ein (zwar müffelndes, aber dennoch legales) Hilfsmittel für Fußballer: Udo Lattek, mit acht Meisterschaften für Bayern München und Borussia Mönchengladbach immer noch der erfolgreichste Bundesligatrainer aller Zeiten, bewies als Sportdirektor des 1. FC Köln, dass auch außerhalb des Platzes die richtige Spielkleidung von großer Bedeutung ist. Er trug als Markenzeichen während der Spiele einen blauen Pullover, und damit blieben die

Geißböcke14-mal hintereinander in der Saison 1987/88 ungeschlagen. Ob Udo vor der ersten Niederlage (1:2 bei Werder Bremen) seinen Glücksbringer erstmals wieder gewaschen hatte und damit die Sieger-Magie flöten ging, wollte er allerdings nie verraten … Immerhin versteigerte er das gute Stück danach für 36.000 Mark und spendete das Geld der Kinderkrebshilfe.

»Und diese Biene, die ich meine, nennt sich Maja« – Ringelsocken im Pokalfinale

Ja, auch die Stutzen können wichtig sein! Den finalen Beweis dafür lieferte Borussia Dortmund 1989: Im DFB-Pokal-Endspiel gegen den großen Favoriten Werder Bremen trat der BVB erstmals wieder in den schwarz-gelb geringelten Socken der Meistermannschaft von 1956 und 1957 an – und prompt landete der Außenseiter einen 4:1-Sieg! Mit den Biene-Maja-Socken summten die Dortmunder munter vorneweg, die Bremer flatterten hilflos wie Majas Freund Willi hinterher … Nicht immer klappt es aber mit der neuen Kleidung für eine neue Herausforderung: 2003/04 entwickelte die Mode- (oder die Marketing-)Abteilung(?) des BVB die goldenen Trikots speziell für die Partien in der Champions League. Schade aber auch, dass die Mannschaft in der Qualifikation gegen den FC Brügge im Elfmeterschießen ausschied …

Der »Trikot-Krieg«: Bei Kameruns Einteiler wurde die FIFA einteilig, äh -silbig …

Die Nationalmannschaft Kameruns begeisterte beim Afrika-Cup 2004 nicht so sehr durch ihr Spiel, sondern mehr durch den erstmals getragenen Einteiler des Ausrüsters *Puma* – der wirkte sexy und wegen der Krallen einer Raubkatze an der Seite auch gefährlich. Das Problem: Die Nummer IV. der offiziellen Fußballregeln fordert ausdrücklich Trikot *und* Hose als Spielkleidung. Trotz der Erlaubnis des afrikanischen Fußballverbandes CAF wollte der Schiedsrichter die erste Partie der unbezähmbaren Löwen beim

Afrika-Cup nicht anpfeifen und fragte kurz vor Anpfiff per Fax bei der FIFA an. Die antwortete mit »Ja« – und verbot den »Strampler« für die nächsten Spiele doch noch. Außerdem zog die FIFA Kamerun nachträglich sechs Punkte für die WM-Qualifikation 2006 ab! Wollte da jemand den Konkurrenten des FIFA-nahen Herstellers *adidas* abstrafen? Zwar wurde Kamerun später begnadigt und erhielt die sechs Punkte zurück, 200.000 Euro Strafe mussten allerdings gezahlt werden. Angesichts der weltweiten PR tat *Puma* dies gern …

Cruyff und die 14: Falsche Nummer gewählt?

Die niederländische Nationalmannschaft und ihr *total voetbal* bei der WM 1974 – das war neu, das war revolutionär, das war einfach anders. Anders waren die Oranjes auch, was die Nummerierung ihrer Trikots betraf. Anstatt die klassische Zählung nach Spielposition zu bevorzugen (Nummer zwei: rechter Verteidiger, Nummer drei: linker Verteidiger usw.) verteilten sie erstmals die Zahlen nach dem Alphabet. So lief Keeper Jan Jongbloed z. B. mit der Nummer 8 auf, Johnny Rep mit der 16. Einzige Ausnahme: Spielmacher »König Johan« Cruyff, der seine persönliche Glückszahl 14 auf dem Rücken tragen durfte. Wie auch immer: 1974 und 1978 verloren die Niederländer mit dieser Zählung die WM-Endspiele gegen Deutschland bzw. Argentinien,1988 gewannen sie – mit klassischer Methodik – das EM-Finale gegen die Sowjetunion …

Die »Matratzenmacher« – Wie Atletico Madrid zu seinem Spitznamen kam

Als 1903 Atletico Madrid gegründet wurde (übrigens als eine Art Filiale des baskischen Klubs Athletic Bilbao in der spanischen Hauptstadt), entschieden sich die Verantwortlichen für ein blau-weiß gestreiftes Trikot. Der Grund: Hemden mit dieser Farbkombination waren am billigsten, da die meisten Stoffe für Betten hergestellt wurden – eben in blau-weiß. Die Spieler von Atletico wurden daher etwas verächtlich *Los Colchoneros* (»Matratzenmacher«) genannt. Als man herausfand, dass Jerseys mit rot-weißen Streifen noch billiger wurden, wurde die Farbe gewechselt …

Zeckinho oder: Wie ein Fußballer zum Maler wurde

Die Spielweise von Andreas Neuendorf erinnert nur selten an brasilianische Zauberkunst. Eines aber hat der Mann von Hertha BSC seit der Saison 2002/03 mit den Kollegen aus dem Samba-Paradies gemeinsam: Er darf seinen Künstlernamen auf dem Trikot tragen. Der DFB erlaubt dies nur, wenn der falsche Name auch im Ausweis eingetragen ist. Kein Problem, sagte sich Neuendorf: Er malte zwei Bilder, fand tatsächlich Käufer dafür, lief zum Einwohneramt und darf sich »Zecke« nennen …

VI. Sportlerdiäten – Wein, Bier und andere Hilfsmittel

Unverträgliches Essen, fremde Gewürze, Montezumas Rache – Mannschaften müssen mit Gefahren nicht erst auf dem Platz, sondern schon in der Unterkunft rechnen. Die Brasilianer vollbrachten auf diesem Gebiet eine bahnbrechende Pionierleistung. Für die WM 1938 in Frankreich verschifften sie alles, was sie brauchten – und noch mehr: Neben dem eigenen Küchenchef, der für das leibliche Wohl der Spieler und Betreuer sorgte, hatten sie Kaffee und Tabak (!) sowie einheimische Gewürze im Gepäck. Ähnlich machten es die Franzosen beim Turnier 1966 in England. In der korrekten Annahme, in einer Weintrinker-Wüste zu landen, brachten sie 1500 Liter Rotwein durch den englischen Zoll. Dass man allerdings gegnerische Wasserflaschen meiden sollte, erfuhren die Brasilianer bei der WM 1990. Hier einige der skurrilsten Geschehnisse rund um das Thema Essen und Trinken:

Eine Orange – gegen die deutsche Disziplin!

Wir schrieben das Jahr 1934. Reichstrainer war – noch – Dr. Otto Nerz. Der wenig begabte Ex-Außenläufer des VfR Mannheim hatte neben Pädagogik auch Medizin studiert – zwecks Bildung von Geist und Körper seiner Schützlinge. Wie stand es doch so schön im DFB-Jahrbuch 1920? Der Fußball kennt »keine weibische Weichlichkeit, kein ängstliches Zagen, keine Empfindelei.« Das war so ganz nach dem Geschmack des Reichstrainers. »Wer zu spät zum Essen kam, bekam eine Abreibung«, erzählt einer von Nerz' Schützlingen. Wer außerhalb der strengen Essenszeiten aß, offenbar auch: Als der Münchener Siegfried Haringer bei einer Auswärtsreise während der Wartezeit auf einem Bahnsteig eine Orange pellte und ganz entspannt verspeiste, knallten dem Reichstrainer die Sicherungen durch. Er schickte Siggi Haringer nach Hause und schmiss ihn aus dem WM-Kader. Der war ob der Roten Karte durch den

Trainer geradezu erleichtert: »Ich habe mich in einem Lehrgang bei ihm immer gefühlt wie in einer Kaserne.«

WM 1954: Waren die Helden von Bern gedopt?

Schon 1957 hatte der ungarische Kapitän Ferenc Puskas dem französischen Fachblatt *France Football* gegenüber in einem Interview Andeutungen über Spritzen in der deutschen Kabine gemacht und einfach mal die Frage in den Raum geworfen, ob denn beim Wunder von Bern tatsächlich alles mit rechten Dingen zugegangen war. (Das brachte dem Major, einem der besten Spieler der Welt, übrigens ein vorübergehendes Stadionverbot vom beleidigten DFB ein.) Als dann kurz vor dem 50-jährigen Jubiläum des berühmten Finales auch noch der Wankdorf-Platzwart Walter Brönimann von leeren Ampullen erzählte, schien der Skandal perfekt. Die Helden von Bern – ein gedopter Haufen? Es war doch nur Vitamin C, beruhigte der damalige DFB-Arzt Franz Loogen auf Nachfrage. Die auffallende Häufung von Gelbsucht unter den Spielern nach dem Turnier erkläre sich allein durch verunreinigte Spritzen – verschärft durch das strikte Verbot, während des Spiels irgendetwas zu trinken. Eine Anweisung des Trainerstabs, die übrigens auch noch während der Hitzeschlachten in Mexiko 1970 galt!

Europapokal 1974/75: die Bayern beim Klassenfeind

DDR? Schlechte Hotels! Broiler und Sättigungsbeilage! Stasi! Unbekannte Drogen! Das dachte sich wahrscheinlich Bayern-Präsident Wilhelm Neudecker und ging beim ersten deutsch-deutschen Aufeinandertreffen im Europacup-Wettbewerb gegen den DDR-Meister Dynamo Dresden kein Risiko ein. Kurz vor der Grenze zum eisernen Vorhang ließ er den Bus in Hof anhalten. Die offizielle Begründung: Dresden liegt 424 Meter tiefer als München, und in zwei Tagen könne man sich keinesfalls an einen solchen Höhenunterschied gewöhnen. Außerdem wären den Spielern der Rummel auf die Nerven gegangen, hätten die überheizten Hotelzimmer der empfindlichen Konstitution der Spieler geschadet. Ein Jahr später setzte der Bayern-Boss noch einen drauf: Beim Rückspiel um den Europa-Super-Cup in Magdeburg rückte der Bayerntross gleich mit Edelkoch Gert Käfer und einer voll eingerichteten Bus-Küche an und zog es vor, auf dem Parkplatz hinter zugezogenen Gardinen zu essen. Man weiß ja nie.

Fleisch aus deutschen Landen? – Nicht mit Mexikos Zöllnern!

Minutiös hatte der DFB den Aufenthalt der deutschen Nationalmannschaft bei der WM 1970 in Mexiko geplant. Dazu gehörte natürlich auch die Versorgung mit Fleisch, sozusagen aus deutschen Landen frisch auf den Tisch. Doch die mexikanischen Grenzer sahen das vollkommen anders. Sie beschlagnahmten kurzerhand die zwölf Zentner Frischfleisch des deutschen Trosses. Gerechterweise muss man erwähnen, dass die Deutschen mit diesem Wettbewerbsnachteil nicht allein blieben. Auch den Engländern wurde die Einfuhr ihrer überlebenswichtigen Frühstückswürstchen konsequent untersagt. 16 Jahre später wurden die Dänen beim WM-Turnier in Mexiko übel gefoult: Vier Spieler holten sich den berüchtigten Durchfall namens Montezumas Rache im Hotelpool. Nach eingehenden Untersuchungen aber stellte sich heraus: Das aus der Heimat vorsorglich mitgebrachte Wasser war in der Hitze zu einem wahren Bakterien-Biotop geworden.

Schiedsrichter als Spesenritter

Die WM-Schiedsrichter 1974 logierten im Esso Motor Hotel in Frankfurt/Main – und waren einigermaßen sauer. Das Hotel war an sich ganz feudal, warf aber ein Problem auf: Das Essen war viel zu teuer. Allein 60 DM wären täglich für das leibliche Wohl fällig gewesen. Die Unparteiischen, die während des Turniers mit einer Tagespauschale von 120 DM zurechtkommen mussten, wären recht bald blank gewesen. In Neu-Isenburg wurde man schließlich fündig: Ein dort ansässiges Restaurant mit rustikalem Ambiente fütterte traditionell die deutsche Jugend- und Schülermannschaft durch – mit einem dreigängigen einfachen Menü für schlappe 15 DM. Fortan wurde zwei Mal am Tag ein Shuttle-Service für die Schiris eingerichtet.

Dr. Wieschemann – Live-Bier und Defizite im Durchblick

Kein Fußball-Stammtisch, der etwas auf sich hält, kommt ohne Bier aus. Und schon gar nicht eine Fernsehrunde, in der die Sponsor-Biermarke auch noch schön groß auf dem Bildschirm prangt. Was passiert, wenn einer der Talkgäste den dargereichten Gerstensaft in Verbindung mit den heißen Studioscheinwerfern nicht verträgt, hat eindrucksvoll 2004 Dr. Robert Wieschemann, Aufsichtsratschef des 1. FC Kaiserslautern, vorgeführt. Die vormittägliche Sendung hatte kaum begonnen, da plauderte er ganz locker die feinsten Interna aus. So hatte der damalige Vorstandschef Jürgen Friedrich bereits erfahren können, dass er in wenigen Tagen entlassen werden würde. Nach weiteren Schlucken aus dem Bierglas stellte Dr. Wieschemann klarsichtig »Defizite im Durchblick« beim Verein fest und erklärte, es gäbe eine »abnormale Satzung, die ich selbst ausgearbeitet habe«. Manchmal liegt halt auch im Bier die Wahrheit.

Ginseng – Die Wunderdroge aus Asien

Da konnte doch etwas nicht mit rechten Dingen zugehen! Bei der WM 1966 sorgten die völlig unbekannten Spieler der Sozialistischen Volksrepublik Nordkorea für eine Sensation. Die körperlich unterlegenen Asiaten, die schon den Chilenen ein Unentschieden abgetrotzt hatten, schlugen den zweifachen Weltmeister Italien vor 18 727 Zuschauern mit 1:0. Den FIFA-Oberen jedoch war die Spielstärke der Nordkoreaner nicht ganz geheuer. Sie beschlossen, genauer hinzusehen – und wurden fündig. Den Asiaten wurde jede weitere Einnahme der »Wurzel-Droge« namens »Ginseng« strengstens untersagt! Prompt verloren sie … 3:5 nach einer 3:0-Führung gegen Portugal im Viertelfinale. – Nachgereicht sei noch, dass die Italiener bei ihrer Rückkehr in die Heimat mit fliegenden Tomaten empfangen wurden. Und dass das Gerücht, jeder sowjetische Spieler würde täglich 7000 Kalorien zu sich nehmen, ungläubiges Erstaunen hervorrief.

Essen für den Frieden – Lagerkoller bei den Niederländern

Die niederländische Nationalmannschaft ist seit jeher mit einer ausgeprägten Streitkultur ausgestattet – ob sie nun absichtlich schlecht spielt, um wie z. B. im Vorfeld der WM 1974 einen ungeliebten Trainer abzusägen, oder sich wie 1990 gegenseitig beim Pokern im Trainingslager mit gezinkten Karten abzockt: Einfach war es nie. Bei der EM 1996 in England jedoch bekam das ohnehin delikate Gefüge der Weltklassespieler einen scharfen Riss: Mittelfeldstar Edgar Davids (»Der kann auch in einer leeren Kabine noch einen Streit anzetteln«) durfte wegen einer öffentlich gemachten Bemerkung über Bondscoach Hiddinks angeblich devote Umgangsweise mit den »weißen« Spielern vorzeitig die Heimreise über den Kanal antreten. Damit war die Rassismusfrage zwischen der (schwarzen) Surinam-Fraktion und der (weißen) Friesen-Truppe aufgeworfen und wurde fortan fleißig diskutiert. Um für die nahe Zukunft ähnliche Lagerkoller zu verhindern, dachte sich der niederländische Fußballverband besänftigende Vorsichtsmaßnahmen aus. Für die WM 1998 wurde eigens Frank Rijkaard als Assistenztrainer und Extra-Betreuer für das *Kabel* (so der Slang-Ausdruck für die Surinam-Seilschaft) angeheuert. Und die Charme-Offensive wurde sogar am Esstisch fortgesetzt. Der niederländische Chefkoch tischte abwechselnd holländische Fritten und karibische Gewürz-Feuerwerke auf. Der Burgfrieden hielt: Die Niederlande wurden Vierte.

Roland Wohlfahrt – Erster Dopingfall der Bundesliga

Was macht ein Torschützenkönig mit Übergewicht? Ex-Bayernstürmer Roland Wohlfahrt hatte ein Problem. Das Essen schmeckte ihm gut, nur war der bullige Stürmer immer schon ein guter Futterverwerter und setzte schnell an. Schon 1982 verbannte ihn Duisburg-Trainer Melzig wegen Übergewicht auf die Bank. Also nahm der Verzweifelte nach seinem Wechsel von AS St. Etienne ins Ruhrgebiet Appetitzügler, um die Speckröllchen endlich loszuwerden. Was er nicht wusste: Die Pillen enthalten den Wirkstoff mit dem harmlosen Namen Phenylpropanolamin. Dieser Stoff unterdrückt nicht nur den Hunger, sondern geht direkt ins Hirn und sorgt für gute Laune und irre Spannkraft. Bei einem Hallenturnier 1995 – Wohlfahrt war inzwischen beim VfL Bochum unter Vertrag – »erwischte« ihn der DFB. Roland Wohlfahrt durfte zwei Monate Zwangspause einlegen.

Psychedelische Drogen – Wie Argentinien Brasilien lahm legte

Ganz Südamerika war sich sicher: Beim WM-Achtelfinale 1990 zwischen Argentinien und Brasilien (1:0) in Turin lief irgendeine Hinterhältigkeit. Folgendes war passiert: Brasiliens Spieler Branco hatte in einer Behandlungspause für Maradona von einem Masseur der argentinischen Bank eine Wasserflasche gereicht bekommen. Die leerte der Durstige in einem Zug aus. Danach veränderte sich die Welt des Brasilianers: »Mir wurde sehr, sehr übel. Ich stand auf dem Rasen und sah das Stadion davonfliegen.« Auch den Spielkollegen fiel auf, dass Branco wie benebelt über den Rasen stolperte und keinen einzigen Ball mehr traf. Die Argentinier taten die laute Beschwerde des Brasilianers ab: Das seien halt schlechte Verlierer. Doch 14 Jahre später gab Argentiniens damaliger Nationalcoach Carlos Bilardo, Doktor der Medizin, in einem Interview mehr oder minder zu: Das Wasser war mit einem Beruhigungsmittel versetzt.

VII. Das Objekt der Begierde: Einige Stories rund um die Pokale

Laute Musik, rieselndes Konfetti, glänzende Spieleraugen und glänzendes Pokalsilber – so stellen sich die Fans eine feierliche Trophäenübergabe vor. Bei vielen Siegerehrungen nach dramatischen WM-Endspielen oder packenden Meisterschaftsentscheidungen handelte es sich allerdings schlicht um Betrug. Nicht etwa, dass die »falsche« Mannschaft gewonnen hätte – nur der Pokal, der übergeben wurde, war gar nicht der echte. Oder er war nicht mehr in dem Zustand, in dem er sein sollte .

Die Ursünde: Harry Burge klaut den FA-Cup

Der berühmt-berüchtigte FA-Cup – seit 1871/72 in England ausgetragen – ist der älteste Fußballwettbewerb der Welt. Als solcher hat der Pokal leider auch die »Ehre«, als erster gestohlen worden zu sein … Im Finale des Jahres 1895 verloren beide Endspielteilnehmer den Cup: West Bromwich Albion, weil man die Partie verlor (0:1 gegen Aston Villa); und Aston Villa, weil man das gute Silberstück verlor! Der Klub wollte mit dem schmucken Pokal ein wenig Geld nebenher verdienen. Ein gewisser William Shillcock, Schumacher aus Birmingham, stellte den Cup in seinem Schaufenster aus, um die eigenen Waren ins rechte Licht zu rücken – prompt wurde er gemopst. Ganze 63 Jahre später, 1958, gestand der inzwischen 83-jährige Harry Burge, den FA-Cup damals gestohlen zu haben. Er ließ ihn einschmelzen, um *Half Crowns* (2 1/2-Schilling-Münzen) daraus zu machen. Gewinn: ganze 20 englische Pfund. Aston Villa zahlte 1895 immerhin 25 Pfund Strafe an die FA – mit dem Geld wurde eine Kopie hergestellt, die seitdem von Beckham, Henry & Co. geküsst wurde.

Autokorso mit Rudi Assauer – und prompt ist der Pokal im Eimer

Ein Jahr zuvor hatte er ja geübt – dennoch ging es beim zweiten Versuch schief. Rudi Assauer, der Manager des FC Schalke 04, hatte im Jahr 2001 den Sieg der Knappen im DFB-Pokal-Finale (2:0 gegen Union Berlin) unfallfrei feiern können. Doch 2002, nach dem 4:2 im Endspiel gegen Bayer Leverkusen, passierte ihm das Malheur: Per Autokorso präsentierten die Schalker ihren Fans daheim den gewonnenen Cup, Rudi Assauer reckte den »Ruhr-Pott« stolz in den königsblauen Himmel – und ließ ihn leider vom Tieflader fallen. Das gute Stück war ziemlich zerbeult, hatte einen Stein verloren und musste von Goldschmied Wilhelm Nagel repariert werden. Es war die bisher letzte Trophäe, die Schalke 04 gewann – zum Glück …

Der spanische Königspokal – der am schwersten zu holende Cup der Welt

Im Normalfall wird den Siegern eines Pokalwettbewerbes die Trophäe nach der Partie feierlich übergeben – auf dem Spielfeld, für alle Zuschauer im Stadion sichtbar. In Spanien läuft das schon immer anders: Wer die *Copa del Rey* gewinnt, muss danach mühsam die Tribüne hinaufkraxeln und sich das Riesending von König Juan Carlos in die Hand drücken lassen. Für jeden Spieler gibt es auch noch eine kleine Pokal-Replica mitzuschleppen. Der Vorteil für die Fans: Auf dem Rückweg der siegreichen Mannschaft nach unten zum Rasen kann man das heilige Silber einmal im Leben berühren … Grund für das lästige Ritual: Der Königspokal wurde 1902 zu Ehren der Krönung von Alfonso XIII. – übrigens ein absoluter Fußballanhänger – eingeführt und seitdem immer vom jeweiligen König an den Gewinner übergeben. Nur während der Herrschaft von Diktator Franco war das anders – da hatte der Königspokal auch einen anderen Namen: der »Generalissimo« hatte dafür gesorgt, dass der Wettbewerb von 1940 bis 1976 *Copa de Generalis-*

simo hieß … 1968 dann die Peinlichkeit: Franco, glühender Fan von Real Madrid, musste den Pokal nach dem Finale zwischen Real und dem großen Rivalen FC Barcelona (0:1) im Estadio Santiago Bernabeu leider den Katalanen hinstrecken – der »Generalissimo« verzog dabei keine Miene …

Das deutsche Meister-Original – ist eigentlich eine Rugby-Trophäe

Als der VfB Leipzig 1903 die erste Meisterschaft der deutschen Fußballgeschichte gewann, bekamen die Spieler ein seltsames Ungetüm als Trophäe ausgehändigt: die *Viktoria* – kein Pokal im eigentlichen Sinne, sondern eher eine barocke Bronzeplastik. Das ein Meter (!) hohe Teil, geschaffen vom Bildhauer Christian Daniel Rauch, stellt eine Jungfrau dar, die mit ausgebreiteten Flügeln auf einem Felsen sitzt und in der rechten Hand einen Lorbeerkranz hält. Ursprünglich geschaffen als »Weltausstellungspreis«, der an das Rugbyspiel zwischen Deutschland und Frankreich bei den Olympischen Spielen 1900 in Paris erinnert, sollte das spröde Biest ab 1902 abwechselnd an den Deutschen Meister im Rugby und den Deutschen Meister im Fußball übergeben werden. Wegen Streitereien zwischen beiden Verbänden kam es allerdings nie dazu, der DFB sackte die Jungfrau ein … Bis 1944 »musste« sich jeder Meister-Kapitän damit belasten (zuletzt der Dresdner SC nach einem 4:0 im Endspiel gegen den LSV Hamburg). Nach dem Zweiten Weltkrieg galt die *Viktoria* als verschollen, als Ersatz wurde die »hässlichste Salatschüssel der Welt« geschaffen. Doch nach der Wiedervereinigung tauchte die *Viktoria* wieder auf und schmückt heute die DFB-Zentrale in Frankfurt.

Vom Köter gerettet – in Rio gezockt: die Coupe Jules Rimet

Sie war die Krone der Pokalschöpfung, die »goldene Göttin« des Fußballs oder auch schlicht der Weltmeisterpokal: die Trophäe für die Sieger der WM-Turniere von 1930 bis 1970. In den Wirren des

Zweiten Weltkrieges hatte sie Ottorino Barassi, der italienische FIFA-Vizepräsident, in einem Schuhkarton unter seinem Bett versteckt vor »Interessenten« retten können – dennoch wurde die Coupe Jules Rimet (benannt nach Jules Rimet, dem »Vater der Weltmeisterschaft«) gestohlen. Und das sogar zweimal:
Kurz vor der WM 1966 in England wurde der Pokal stolz in einer Ausstellung präsentiert – prompt ließen Unbekannte ihn mitgehen. Wie durch ein Wunder wurde er wiedergefunden: von einem kleinen Hund namens Pickles, vergraben im Gebüsch eines Londoner Vorgartens! Die Promenadenmischung wurde von der Queen zu »Sir Pickles« geadelt und durfte sich das WM-Finale zwischen England und Deutschland (4:2 n. V.) – gemeinsam mit seinem Herrchen – auf der Ehrentribüne des Wembley-Stadions anschauen.

Schlechtes Gewissen: Schalke-Manager Rudi Assauer (links, mit Trainer Huub Stevens) hat den DFB-Pokal kaputtgemacht

VIII. Fans und Fanatiker – Wenn die Fußballseele kocht

»Echte« Fans sind immer auf dem Laufenden. Sie verfolgen Woche für Woche, Jahr für Jahr stehend oder sitzend das Treiben ihres Clubs, schleppen Transparente oder auch bei größter Hitze immer noch den Fanschal. Bayern-Fans in Schleswig-Holstein und Nürnberg-Fans in Berlin sitzen gezwungenermaßen vorm Fernseher oder greifen sich montags die Zeitung, um sich zu informieren. Und dann gibt es noch die Gelegenheiten, wo der Fan so richtig aus sich herausgeht, wo es um mehr geht als »nur« um Fußball. Hier ein paar denkwürdige Beispiele:

Rette sich, wer kann – Saufen für FC St. Pauli

Erst kam der Abstieg aus der Zweiten Liga, dann drohte die Totalpleite. Zur Lizenz für die Regionalliga in der Saison 2003/2004 fehlten dem Hamburger Club läppische 1,95 Millionen Euro. Die ausgerufene Retter-Aktion wurde zu einem bundesweiten Event: St. Pauli warf sogar sein Tafelsilber, u. a. sein Jugendleistungszentrum auf den Markt. Es heißt, Kahn-Rivale Jens Lehmann soll am heimischen PC emsig für den Ball, mit dem der FC St. Pauli am 6. Februar 2002 am heimischen Millerntor Bayern München 2:1 besiegten, mitgeboten haben. Der Hamburger Bier-Sponsor rief ein Wochenende lang zum Saufen für St. Pauli auf: In 100 Kneipen kostete die Flasche 50 Cent mehr. Bäcker, Fahrrad- und Autohändler und andere Läden dachten sich eigene Aktionen aus. Der Renner jedoch war das kaffeebraune T-Shirt, bereits bekannt als »Weltpokalsiegerbesieger-Shirt«. Die »Retter«-, »Retterchen«- und »Retterin«-Shirts verkauften sich weltweit 102 948-mal – u. a. auf die Fidschi-Inseln, nach Brasilien und nach Wien. Nach zwei Monaten hektischer Rettungstätigkeit hunderter freiwilliger Helfer war das Geld zusammen, die Lizenz für die »Freibeuter« gesichert. Ein nicht unbeträchtlicher Teil der rund 5000 Mitglieder des Vereins allerdings machte klar, was sie von diesem »Party-Event« hielten. Sie traten aus.

Iglesia Maradoniana – eine Kirche für einen Fußballgott

Wer die Hand Gottes verehren möchte, ist in Buenos Aires an der richtigen Stelle. Der wohl verrückteste Fan-Club der Fußballgeschichte wurde 1999 begründet und feiert Weihnachten jedes Jahr nicht am 24. Dezember, sondern am 30. Oktober, dem Geburtstag von Diego Armando Maradona. Die rund 200 Mitglieder verehren die Schraubstollen der Skandalnudel und schmeißen zu den großen Jahrestagen feucht-fröhliche Partys. Taufen von Neumitgliedern werden alljährlich am 22. Juni, dem Jahrestag der Erscheinung der »Hand Gottes« im Spiel gegen England zur 1:0-Führung, vorgenommen. Dabei schwören die Neu-Maradonianer auf die Maradona-Bibel »Ich bin Diego« ewige Liebe und kopieren rituell das berühmteste Handspiel aller Zeiten. Die Fußball-Kirche dürfte nun mit häufigerem persönlichem Besuch ihres Idols rechnen: Maradona ist im Juni 2005 zu den Boca Juniors zurückgekehrt – als sportlicher Direktor.

Stadionlegende aus Nordengland – Helen »the bell« Turner

Dieser Frau war es bestimmt vollkommen egal, wer unter ihr Vereinspräsident von Manchester City ist. Keiner in der Maine Road weiß, wie lange schon Helen Turner eine Dauerkarte besaß. Sie dürfte jedoch schon beide Meistertitel 1937 und 1968 und alle drei FA-Cup-Siege 1934, 1956 und 1969 miterlebt haben. Die heute 85-jährige Mrs. Turner, auch Helen »the Bell« genannt, war dafür bekannt, dass sie immer eine große Glocke dabei hatte, um die Spieler wachzuklingeln. Und für ihre klaren Worte, mit denen sie auch hartgesottenen Fußballfans bei Auswärtsfahrten das Fluchen in ihrer Gegenwart verbat. Als die alte Dame am 11. Mai 2003 vor ihrem Umzug in ihren Alterssitz auf dem Lande ein letztes Mal die

Maine Road besuchte, feierten die Fans die Mutter aller englischen Tifosa mit stehenden Ovationen.

Groundhopper – Es gibt immer etwas zu tun

Ihnen geht es nicht um einen Verein: Sie sammeln Stadien und Länderpunkte. Für den Groundhopper ist die Sommer- oder Winterpause im deutschen Fußballbetrieb kein Problem. Dann beginnt die Zeit, in der er oder sie eben ins Ausland fährt. Und es müssen noch nicht einmal die großen Clubs sein. Zum FC Barcelona fahren ja längst Hans und Franz. Ein selbst organisierter Besuch bei einem georgischen Zweitligisten oder einem Länderspiel an der Elfenbeinküste – das sind die Geschichten, die einen gehobenen Groundhopper ausmachen. Ein Rekordhalter der deutschen Gemeinde hatte 1999 bereits 90 Länderpunkte gesammelt und dafür 96 Länder bereist. Dabei schaffte er auf einer Reise neun Spiele in sechs Tagen in sieben Ländern – alles eine Frage der Organisation. Die Tradition des Spielfeld-Hüpfens stammt – wie sollte es anders sein – aus England. Dort werden die Fußballfans, die den Nachweis des Besuchs aller 92 Stadien der vier höchsten englischen Ligen nachweisen können, in den ehrwürdigen Club der 92er gelassen und bekommen eine schicke Krawatte. Man ist sich nicht ganz sicher, aber es gibt tatsächlich auch drei britische Kicker, die während ihrer Laufbahn alle Plätze bespielt haben.

FoV – Göttinger Jubler zum Mieten

Auch als Fan muss man im Training bleiben. Die Anhänger des ehemaligen Zweitligisten 1. SC Göttingen 05 mussten 2003 miterleben, wie ihr Verein sang- und klanglos vor einem Insolvenzgericht zu Grabe getragen wurde. Einige heimatlos gewordene Fans, denen auf diese Weise sinnlose Wochenenden beschert wurden, sannen auf Abhilfe und stellten folgenden Aufruf ins Internet: »Träumen Sie schon immer von Stimmung in Ihrem Stadion? Dann haben wir das Richtige für Sie! Mieten Sie die »Fans ohne Verein«. Ihr Preis:

Anreise per Wochenendticket plus 1 Freibier.« Es folgte ein Rauschen im deutschen Blätterwald, das Fernsehen kam, und selbst die ehrwürdige Londoner BBC rief an. Doch die FoV brachten lieber Stimmung in die kleinsten Hütten. Für eine Saison tingelten die Mietjubler über Amateurplätze, besuchten Germania Leer oder den SV Bosfeld. Schließlich ging es ja nicht ums Geld. Nur dem Angebot des englischen Senders ITV konnten sie nicht widerstehen: Als der zum Besuch bat, reiste eine kleine Abordnung – gegen Kost und Logis natürlich – nach London und trat in einer Comedy-Show auf. Seit Sommer 2004 ist es mit der Fremdgeherei allerdings vorbei. Seitdem konzentrieren sich die Göttinger »Aushilfs«-Fans auf ihren neu gegründeten RSV 05, eine Fusion aus FC Göttingen und RSV Geismar, und sind wieder häuslich.

Lottokönig Günther Storbeck und seine Eppendorfer SG

Die frohe Botschaft ereilt den Hamburger am 15. Dezember 1979 bei der Weihnachtsfeier seines Fußballvereins. Als sich bewahrheitet, dass er tatsächlich sechs Richtige hat, gibt er erst einmal einen aus. Nun ist der Neu-Besitzer von 446.000 DM kein Mann der einsamen Entschlüsse. Er und seine Kameraden beschließen: Ein eigener Verein muss her. Die »Eppendorfer Sportgemeinschaft« soll Bayern München das Fürchten lehren. Schicke Trikots in den Vereinsfarben hellblau/dunkelblau, der Bolzplatz Struckholtz am Brödermannsweg an der Tarpenbek sowie die Vereinskneipe »Bier-Brunnen« werden angeschafft. Die Lottoelf, verstärkt durch weitere Spieler, sorgt für Furore und steigt ein Jahr später in die Bezirksliga auf. Storbeck macht sein Versprechen wahr und reitet auf einem Esel durch Hamburg. Doch dann kommt es ganz dick: Eine sündhaft teure, transportable Flutlichtanlage wird einen Tag später geklaut. Die eilig gekaufte Ersatzanlage beleuchtet nur noch einen spektakulären Leistungsabfall. Auch ein weiterer Lottogewinn von 30.000 DM (welch ein Glück der Mann hat!) kann nichts mehr retten. Storbeck, längst hoch verschuldet, muss mit ansehen, wie sein

Team nach unten durchgereicht wird. 1985 löst sich der Klub auf – und wird zur Legende. Und Günther Storbeck? Der hat es nie bereut.

AFC Wimbledon – ein Fußballmärchen

Der Fall des FC Wimbledon sollte bei allen Vereinsbossen als abschreckendes Beispiel im Büro hängen. Das kann nämlich passieren, wenn man den Fans ihren Verein wegnimmt! Am 28. Mai 2002 gab die FA ihr Okay: Der englische Traditionsverein durfte umziehen und ab sofort in der 70 Meilen entfernten Schlafstadt Milton Keynes spielen. Die haben zwar eine Viertel Million Einwohner, aber keinen Profiverein. Nun, die wahren Fans kamen natürlich nicht mit, sie waren ohnehin schon gereizt, nachdem der Verein 1991 aus dubiosen Gründen die historische Spielstätte an der Plough Lane verließ und seitdem beim Londoner Nachbarverein Crystal Palace zur Untermiete spielte. Zwei Tage nach der Entscheidung der Funktionäre hatte eine Fangruppe Nägel mit Köpfen gemacht, kurzerhand den AFC (»A Fans' Club«) Wimbledon gegründet und prompt einen Sponsor gefunden. In den ersten Spielzeiten erreichte der AFC in der achten und siebten Liga einen Zuschauerschnitt von rund 8800, während sich der »Franchise FC« im beschaulichen Hockeystadion von Milton Keynes, 2004 in die dritte Liga abgestiegen, mit durchschnittlich 2000 Heimzuschauern bescheiden musste.

IX. Luftlöcher, Klöpse, Slapsticknummern – Die durchgeknallten Keeper

Torhüter und Linksaußen, das sind die Verrücktesten beim Fußball, heißt es. Torwart-Titane, die mit lautem Getöse vom Sockel krachen, Fußballgötter, die im nächsten Moment zu Fliegenfängern mutieren – davon hat die Geschichte viel zu bieten. Auch Oliver Kahn – sonst eher bekannt durch das Halten von »Unhaltbaren«, einen animalischen Blick und durch Luft-Hechter (gegen Stéphane Chapuisat), Wangenschrubber (gegen Heiko Herrlich) und Nackengrabbler (gegen Thomas Brdaric), hat einmal in seiner Karriere richtig danebengegriffen – und dann auch noch im WM-Finale: Im Spiel 2002 gegen Brasilien (übrigens das erste WM-Spiel zwischen Deutschland und Brasilien überhaupt) ließ Kahn einen eher ungefährlichen Schuss von Rivaldo abprallen. Ronaldo sagte »Dankeschön« – 1:0, Endergebnis 2:0 für Brasilien. Aber der deutsche Nationalkeeper muss sich nicht grämen. Eine richtig peinliche Panne – wie die folgenden – hat er noch nicht hingelegt …

Wenn der Abwurf zum Anstoß führt: Jürgen Pahl und die rutschigen Handschuhe

In der Saison 1982/83 hatte Werder Bremen bereits am 1. Spieltag Erfahrung mit einem Torwart-»Stunt« gemacht: Der neue Bayern-Keeper Jean-Marie Pfaff führte sich im Weserstadion super ein, indem er einen weiten Einwurf von Uwe Reinders ins eigene Tor abfälschte: 1:0 für Werder Bremen und tschüs, Bayern … Am 16. Spieltag wurde es aber noch absurder. Keeper Jürgen Pahl von Eintracht Frankfurt hatte sich den Ball geschnappt und wollte einen Gegenangriff der Gäste per schnellem Abwurf einleiten. Allein der Ball wollte nicht so richtig, irgendwie rutschte er in die falsche Richtung, und der Konter der Eintracht ging nach hinten los: Pahl warf sich den Ball ins eigene Tor – 1:0 für Werder nach drei Minuten, Endstand 3:0.

Der Kirschenpflücker von Belgien: Filip De Wilde und sein großer Abend in Brüssel

Grandiose Familienunterhaltung bot Belgiens Nationalkeeper Filip De Wilde im letzten Gruppenspiel der Europameisterschaft 2004 gegen die Türkei. Kurz vor der Halbzeitpause segelte eine Flanke vor das belgische Tor. De Wilde und der türkische Mittelstürmer Hakan Sükür waren die einzigen Spieler weit und breit. Der Torwart hatte allerdings den Vorteil, die Hände benutzen zu dürfen, er versuchte dies auch – nur irgendwie kam Sükür mit seinem Kopf höher als die »Brüsseler Spitze« und nickte den Ball ein … Nach einem weiteren Sükür-Treffer bewies De Wilde wenigstens seine »Stärken« am Boden. Er riss den allein auf ihn zustürmenden Arif um – rote Karte. Nach dieser Niederlage schieden die Belgier aus und schafften einen einmaligen Rekord: Sie sind der einzige Gastgeber eines EM- oder WM-Turniers, der jemals in der Vorrunde ausgeschieden ist.

Können Maulwürfe Tore schießen? Ja, meint Frank Rohde …

Eigentore gab es viele in der Bundesliga-Geschichte, aber zwei davon gewannen sogar einen Preis: den als ARD-»Tor des Monats«. Vorreiter in dieser Hinsicht war 1985 Helmut Winklhofer von Bayern München. Sein Hammer aus 40 Metern beim 0:1 in Uerdingen war schlicht unhaltbar für Jean-Marie Pfaff … Herthas Libero Frank Rohde wurde 1993 ebenfalls ausgezeichnet – dabei konnte er für sein Eigentor noch am wenigsten: Im Auswärtsspiel der 2. Bundesliga bei Carl Zeiss Jena gab er einen Rückpass zu Hertha-Torwart Walter Junghans. Kurz bevor der den Ball aus dem Gefahrenbereich schießen konnte, hüpfte der Ball wegen einer Unebenheit im Rasen hoch, über Junghans' Fuß hinweg und rollte seelenruhig ins Hertha-Tor. Ja, ja, die alte Regel: Nie den Rückpass *auf* den Kasten schießen, immer *neben* den Kasten. »Wuschi« Rohde bewies nachträglich keinen Humor. Weder gratulierte er dem Jenaer Maulwurf für den Scorerpunkt noch holte er sich seine »Tor des Monates«-Plakette ab …

Das »Radi«-Gedächtnis-Tor: Jens Lehmann per Kopf ...

Torwart »Radi Radenkovic von 1860 München war der Urvater: Zwischen 1963 und 1970 wurde er weniger wegen seiner Paraden bekannt als für seine fatale Neigung, mit dem Ball am Fuß auf das Tor der gegnerischen Mannschaft zuzustürmen. Ein Treffer gelang ihm allerdings nie, stattdessen waren die Nerven der Mitspieler stark in Gefahr. Der erste Keeper, der ein Feldtor in der Bundesliga erzielte, wurde schließlich Jens Lehmann: In der Saison 1997/98 köpfte er nach einem Eckball im Dortmunder Westfalenstadion in letzter Minute den 2:2-Ausgleich. Der damalige Schalker traf ausgerechnet *gegen* Borussia Dortmund, seinen späteren Verein ...

»Traut the Kraut« und sein steifer Nacken – Sogar die Queen war beeindruckt

Der deutsche Keeper Bernd Trautmann hat es in England zum Fußball-Idol gebracht – und das, obwohl er als Gefangener nach dem Zweiten Weltkrieg auf die Insel kam! 1949 unter vielen Protesten zu Manchester City gekommen, wurde er im FA-Cup-Finale 1956 gegen Birmingham City zur Legende. In der 75. Minute brach er sich bei einem Zusammenprall mit Birminghams Stürmer Peter Murphy das Genick – doch »Bert« spielte weiter (Auswechselungen waren damals nicht möglich), und Manchester City gewann am Ende 3:1. Die englische Königin fragte ihn bei der Siegerehrung, warum er denn den Kopf so schief halte. Antwort: Er habe einen steifen Nacken ... Die Queen schien sich auch Jahre später noch an diesen Auftritt zu erinnern. Im Jahr 2004 ernannte sie Bernd Trautmann zum »Officer of the British Empire«.

Und noch ein Kopfballtreffer: Tomislav Piplica gleicht (leider) in letzter Sekunde aus

Ja, die tief stehende Sonne – der natürliche Feind des Torwarts! Der Cottbuser Keeper Tomislav Piplica musste dies im Jahr 2002 bitter erfahren. Im Bundesligaspiel zwischen Energie und Borussia Mönchengladbach stand es kurz vor Schluss 3:2 für die Gastgeber. Marcel Witeczek hielt aufs Cottbuser Tor, doch irgendwie rutschte ihm der Ball ab und flog als »Kerze« steil nach oben. Piplica im Tor konnte nicht genau erkennen, wohin der Ball nun ging, da er in die Sonne schaute … Eine Sekunde später rummste ihm das tückische Objekt genau auf den Schädel und ins eigene Tor – 3:3!

X. Stadien, Statuen, Kathedralen

Maracaná! San Siro! Bernabeu! Estadio da Luz! Anfield Road! Betzenberg! Klangvolle Namen, die das Herz jedes Fußballfans höher schlagen lassen. In diesen – und natürlich vielen anderen Stadien – wurden berühmte Tore geschossen, haben Legenden gespielt und hinterher sogar geduscht. Klar, dass diese heiligen Orte Fans anziehen. Allein das riesige und brillant ausgestattete Museum des FC Barcelona im Camp Nou hat alljährlich mehr Besucher zu verzeichnen als die Museen für Miró und Picasso zusammen. Aber es gibt noch andere Denkmäler, die man besuchen kann. Anbei ein paar Anregungen für die fußballlose Zeit:

Florenz – Herz des mittelalterlichen Calcio

Wer an der südlichen Längsseite des Palazzo dell'Antella in Florenz genau hinschaut, wird sie finden. Eine unscheinbare Marmorscheibe aus dem Jahre 1565, von einem unbekannten Künstler. Sie ist der einzige Hinweis darauf, dass hier auf der Piazza di Santa Croce das Herz des mittelalterlichen Fußballs, des Calcio, schlug. Die Medici, allen voran Cosimo I., waren echte Fans des »Fußtritts« und sorgten bei jeder sich bietenden Gelegenheit für große Galaspiele. Calcio hatte mit dem heutigen Fußball wenig zu tun: »Der Calcio ist ein öffentliches Spiel zweier zu Fuß agierender und unbewaffneter (!) Mannschaften von Jugendlichen, die auf angenehme Weise um der Ehre willen wetteifern, einen aufgepumpten Ball über den gegenüberliegenden Endpunkt hinauszubringen«, definierte 1615 ein gewisser Bardi das Ballspiel. Zwar war es erlaubt, den Ball mit den Händen zu tragen, schnödes Werfen allerdings war schwer verpönt. Das Spielfeld war nur etwas kleiner als das heutige, und so kam es bei 27 Spielern in jedem Team (System 15-5-4-3) zu regelmäßiger Rudelbildung. Und die Zuschauer? Die drängelten sich am Holzzaun, auf den Balkonen der umliegenden Palazzi, den Ehrentribünen und sogar auf Bäumen und Dächern. Da kamen schon mal locker 50 000 Menschen zusammen, die durchreisende Zeitgenossen mit infernalischem Lärm beeindruckten.

Estadio Centenario – Uruguays Bollwerk

Mit ihrem Pariser Olympiasieg 1924 hatten die Urus schon für weltweites Aufsehen gesorgt. Und als sie 1928 in Amsterdam wieder mit Gold bedacht und damit so etwas wie inoffizieller Weltmeister wurden, war die Sache geritzt: Das neue Fußball-Mekka Uruguay würde der Gastgeber der ersten Weltmeisterschaft der Fußball-Geschichte sein. In Montevideo sollte er stehen, der Fußballtempel für 100 000 Zuschauer, und da es gerade passte, zur Feier des 100. Jahrestags der Unabhängigkeit Estadio Centenario heißen. Drei der Tribünennamen standen schnell fest: Es sollte jeweils eine Tribüne Paris, Amsterdam und – für den klar verdienten WM-Titel – Montevideo geben. Nur wurde das Stadion leider nicht rechtzeitig fertig. Offizieller Grund für die Verzögerung waren unerwartet heftige Regenfälle, die drei Monate anhielten. So erzielte der Franzose Lucien Laurent das erste Tor in der Geschichte der Fußball-Weltmeisterschaft im Eröffnungsspiel im kleinen Estadio Pocitos. Erst zum neunten Match der ersten WM, da war Brasilien zum Beispiel längst ausgeschieden, wurde das neue Nationalstadion freigegeben. Vor 90 000 Zuschauern kam es dann im Finale zum ca. 110. Zusammentreffen der ewigen Konkurrenten Uruguay und Argentinien. Der Gastgeber gewann 4:2, Uruguay rief einen neuen Nationalfeiertag aus. Das in seiner Ehre schwer getroffene Argentinien brach erst einmal für rund 25 Jahre alle diplomatischen Beziehungen zum großen Rest der Fußballwelt ab.

Rungnado May Day Stadium – Weltrekord

Manchmal sind die Schurken in selbigen Staaten doch zu was nütze. Kim Il-Sung zum Beispiel, Diktator von Nordkorea, hatte eine seiner Ideen. Gedacht, gesagt. Am 1. Mai 1989 weihte er das Rungnado-Stadion in der Hauptstadt Pjöngyang nach zweieinhalb

Jahren Bauzeit vor enthusiasmierten Soldaten und Parteimitgliedern ein. Und sorgte für einen neuen offiziellen Rekord: Dank 150 000 Sitzplätzen auf acht Stockwerken gilt es seitdem als das größte Fußballstadion der Erde. Mit seiner kühnen Dachkonstruktion sieht das Monstrum, das auf einer Insel im Fluss Taedong errichtet wurde, aus wie eine Lotosblüte, die im Wasser treibt. Oder – weniger wohlwollend – wie ein gelandeter Fallschirmspringer. Ein Hort des nordkoreanischen Fußballs ist das Stadion des 1. Mai jedenfalls nicht. Die Nationalmannschaft des hochgerüsteten und daher bitterarmen Landes hat in den letzten 16 Jahren nur fünf Heimspiele ausgetragen. Auch das Angebot, die WM 2002 gemeinsam mit Erzfeind Südkorea auszutragen, wurde von der FIFA lediglich zur Kenntnis genommen. Da wir schon bei Rekorden sind: Das Azadi-Stadion in Teheran steht mit offiziell 134 000 Sitzplätzen weltweit an Platz zwei.

Heim einer Viertliga-Mannschaft – Hampden Park

Bis 1950 war der alte Hampden Park in Glasgow das größte Stadion der Erde. Es ist Heimstatt des schottischen Viertligisten Queen's Park FC, Gründungsmitglied des englischen (1877) und des schottischen (1873) Fußballverbandes. Weil der Verein so erfolgreich war – zum Beispiel gewannen die Männer aus Glasgow zwischen 1874 und 1893 zehn Mal den schottischen Verbandspokal –, erwarben die Clubbosse ein Grundstück nahe der Hampden Terrace und errichteten das damals modernste Stadion der Welt. Zum Eröffnungsspiel am 31. Oktober 1903 strömten 149 415 zahlende Zuschauer in das neue Rund. Sie sahen ein standesgemäßes 1:0 der Schwarz-Weißen gegen Celtic. Queen's Park verlor bald danach den Anschluss an die schottische Fußballspitze – der Club lehnt bis heute den Profi-Fußball ab. Der Hampden Park aber wurde zum Nationalstadium der Schotten – wobei es ein wenig unerfreulich sein dürfte, dass es sich bei Mr. Hampden ausgerechnet um einen englischen General handelte. Bei Länderspielen und den Pokalfinals zeigt sich der Hampden Park regelmäßig gut gefüllt. Den Ligaalltag aber bestimmen die paar Hundert treuen Fans von Queen's Park FC, die sich auf der Südtribüne sammeln und nach dem Spiel in das Vereinsmuseum pilgern, um u. a. den historischen Vereinspokal zu bewundern.

Griffin Park – Kneipe an jeder Eckfahne

Der Brentford FC gehört nicht unbedingt zu den glamourösen Clubs in der britischen Hauptstadt London. Zuletzt war man 1946/47 in der ersten Liga. Doch das Geläuf Griffin Park, in dem die *Bees* seit 1904 ansässig sind, hat eine Besonderheit: einen Pub an jeder Eckfahne. Die Fans kommen schon lange vor dem Spiel und schaffen traditionell bis zum Anpfiff je ein Bier im The Griffin, The Royal Oak, The Princess Royal und im The New Inn. Als die Vereinsoberen von Brentford 2002 bekannt gaben, das altehrwürdige Stadiongelände zu verkaufen und eine Meile entfernt ein neues Stadion bauen zu wollen, waren die etwa 5000 hartnäckigen Supporter leicht verschnupft – und kündigten an, die heiß geliebten Kneipen Stein für Stein in die neue Heimstatt zu tragen.

Maracanã – Brasiliens bedrohter Fußballtempel

86 000 Quadratmeter Fläche – »so groß wie der Londoner Trafalgar Square«, so das Fachblatt *Kicker* 1950 atemlos – und eine derart gewaltige Ausdehnung, dass der Anstoßpunkt von den hinteren Rängen 126 Meter entfernt liegt. Für den Bau des Fußballtempels am Fluss Maracaná wurden ab 1946 zahlreiche Favelas abgerissen. Die Bewohner hatten nichts dagegen – schließlich ging es um das größte Fußballstadion der Welt. Die gewaltige Betonschüssel, die die Architekten Miguel Feldman und Antonio Dias Carneiro entwarfen, wurde in dreijähriger Bauzeit errichtet. Angeblich soll wenige Wochen vor der Eröffnung, die ohnehin schon verschoben wurde, ein großer Teil der schon fertigen Überdachung eingestürzt sein. Das erste Tor im Eröffnungsspiel am 16. Juni 1950 zwischen

den Cariocas aus Rio und den Paulistas aus Sao Paulo schoss Didi für die Cariocas, die aber am Ende 1:3 verloren. Offiziell fasste das Stadion 183 354 Zuschauerplätze. Allein im unteren Ring, dem Geral, fanden mehr als 30 000 Menschen Platz. Für die WM 1950 wurde sogar ein besonderer Rasen gezüchtet, der plattenweise von den Bahamas nach Rio transportiert wurde. Doch in den 90ern stand der Bau, der seit 1964 den Namen des legendären Fußballjournalisten Mario Filho trägt, vor dem Abriss, der Zahn der Zeit hatte an Beton und Stahlträgern genagt. Pelé persönlich setzte sich für eine Renovierung ein, die das Stadion vorerst rettete. Dennoch sind Teile des gigantischen Raumschiffs immer noch unsicher, so wurden zum Beispiel Stoßdämpfer installiert, um bei einer Massenpanik die Stabilität der Tribünen zu sichern. Inzwischen dürfen offiziell nur noch zwischen 70 000 und 105 000 Zuschauer – je nach Anlass – hinein. Die größte Gefahr jedoch kommt aus ganz anderer Richtung: Da die Fans den langen Weg zur Toilette scheuen – man könnte ja was vom Spiel verpassen –, pinkeln sie in die Ecken – und das hält keine Betonkonstruktion lange ohne Schaden durch.

Mexico-City, Azteken-Stadion – Wie man anständig verliert
WM-Halbfinale, 17. Juni 1970. Italien und Deutschland lieferten sich einen harten Schlagabtausch. Als alle dachten, das Tor von Schnellinger in der Schlusssekunde zur verdienten Verlängerung sei schon genug Dramatik, kam alles noch besser. Erst gingen die Deutschen in Führung, dann nach dem Ausgleich die Italiener. Dann kamen noch mal die Deutschen, bevor schließlich Italiens Rivera den entscheidenden Treffer erzielte. Fünf Tore in 17 Minuten, der Kaiser mit der berühmten Oberarmschlinge. Nach dem Schlusspfiff erhoben sich die 110 000 Zuschauer und feierten die Spieler mit stehenden Ovationen. Auch in Deutschland passierte zeitgleich Unerhörtes: Der Verlierer wurde nicht geschmäht, sondern gefeiert, in der Niederlage entdeckten die sonst kritischen Fans plötzlich Größe. Die Deutschen waren das bessere Team und spiel-

ten den schöneren Fußball. Und das für die Ewigkeit: In dem inzwischen nach dem langjährigen Fußballpatriarchen Guillermo Canedo benannten Stadion erinnert heute tatsächlich eine Plakette an das Jahrhundertspiel!

Wembley – Battle of the Bridge

Als die London Development Agency Anfang 2005 zur Internet-Abstimmung über den Namen der schicken neuen Fußgängerbrücke zur zukünftigen Wembley-Arena (»das modernste Stadion der Welt«) bat, hatte sie geradezu um Ärger gebettelt. Nach den Schotten, Neuseeländern, Walisern und Australiern, die in konzertierten Aktionen ihre Helden anpriesen, übernahmen schnell die gut organisierten Deutschen die virtuelle Herrschaft und sandten zig Tausende Petitionen für eine Dietmar-Hamann-Bridge. Das lag ja auch nah: Schließlich hatte der am 7. Oktober 2000 das letzte Tor vor dem Teilabriss des alten Wembley-Stadions geschossen – zum 1:0-Sieg für Deutschland. Well, das dreiköpfige Komitee sichtete nach Ablauf der Frist die mehr als 670 000 Votes und schloss sofort einstimmig den Deutschen, der beim FC Liverpool spielt, aus – obwohl der mit Abstand die meisten Stimmen bekommen hatte. Nein, erklärten die Patrioten die grobe Unsportlichkeit, der neue Name für die Brücke sollte für England doch irgendwie positiv besetzt sein … Die endgültige Entscheidung versöhnt dann doch wieder alle Parteien, denn am Ende einigte man sich auf ein Pferd. Die White Horse Bridge erinnert von nun an für sehr lange Zeit an Billy. Der Schimmel sorgte 1923 beim allerersten FA-Cup-Finale im Wembley-Stadion mit seinem Reiter George Scorey und sanftem Druck für Ordnung. Mehr als 200 000 Zuschauer drängten sich auf den Rängen und dem Spielfeld, mehr als 150 000 standen noch auf dem Vorplatz. Erst nach Billys aufopferungsvollem Räumungseinsatz konnten die Bolton Wanderers Gegner West Ham United mit 2:0 besiegen.

Der größte Fuß der Welt – Denkmal für »Uns Uwe«

Er wird mit einer Breite von mehr als fünf Metern ein Kandidat für das Guinness-Buch der Rekorde sein – die Bronze-Ausgabe des rechten Fußes von Uwe Seeler, die vor dem Aufgang des HSV-Museums in der Hamburger AOL-Arena aufgestellt wird. Ihr reiner Materialwert beträgt 115.000 Euro, spendiert von einem Privatunternehmer. Der rechte Fuß war bekanntermaßen der stärkere Fuß von Torjäger Uwe Seeler, doch sein wohl schönstes Tor hat er mit dem Hinterkopf gemacht: 1970 gegen England zum 2:2 im WM-Viertelfinale (Endstand 2:3).

Kiew – Das Todesspiel

Jedes Kind in der ukrainischen Hauptstadt kennt die Legende von den Helden der Brotfabrik Nr. 3, die sich in einem Spiel gegen eine deutsche Flak-Elf auch von Todesdrohungen nicht davon abbringen ließen, die verhassten Deutschen wenigstens auf dem Platz so richtig vorzuführen. Seit 1941 war Kiew von Nazi-Deutschland besetzt, und die Besatzungsmacht unternahm einiges, den Alltag so normal wie möglich erscheinen zu lassen. Also wurden seit dem Frühjahr 1942 regelmäßig Fußballspiele angesetzt. Eines davon fand am 9. August 1942 im ausverkauften Zenith-Stadion statt. Es war ein Revanchespiel, denn die Nazi-Kicker hatten drei Tage zuvor bereits eine deftige Niederlage erlitten. Was die Deutschen nicht wussten: Der Direktor der Brotfabrik Nr. 3 war ein Fußballfan und hatte dafür gesorgt, dass die besten Spieler des Landes bei ihm Unterschlupf fanden. So kam es, dass acht Spieler der legendären Vorkriegsmannschaft von Dynamo Kiew und drei von Lokomotive Kiew antraten. Die gnadenlos unterlegenen Deutschen verloren vor begeisterten Zuschauern 3:5 – und brachten wenige Tage später alle acht Spieler von Dynamo in Kiews Gestapo-Zentrale. Dort starb Nikolai Korotkich, drei weitere, unter ihnen der Torwart Trusewitsch, kamen später im berüchtigten Todeslager Siretz um. Die Sowjetunion benutzte die »Todeself von Kiew« als Propaganda für den heldenhaften Widerstand gegen den Faschismus und setzte die Legende in die Welt, alle Spieler seien sofort nach dem Spiel von SS-Leuten erschossen worden. Tatsächlich jedoch wurden die überlebenden Spieler nach dem Krieg vom KGB des Landesverrats beschuldigt und erst in den 60ern rehabilitiert. Heute steht vor dem Zenith-Stadion in Kiew die Statue eines Fußballspielers, der den Reichsadler zertritt.

Estadio Zerao – Kicken am Äquator

Einmal zwischen nördlicher und südlicher Halbkugel spielen? Kein Problem: Im brasilianischen Macapá an der Amazonasmündung ist das möglich. Die Mittellinie im Estádio Milton Corrêa verläuft entlang dem nullten Breitengrad, dem Äquator. Da fragt der Schiedsrichter bei der Platzwahl den Gewinner des Münzwurfs tatsächlich, in welcher Hemisphäre er beginnen möchte. Das kleine Stadion mit seinen 5000 Sitzplätzen wurde am 17. Oktober 1990 eingeweiht und dient als Nationalstadion von Amapa. Seitdem beherbergt es außerdem sieben Heimmannschaften – kein Wunder in dem für brasilianische Verhältnisse kleinen Bundesstaat, in dem auf alle 37000 Einwohner jeweils ein Fußballclub kommt. Alle Teams erzählen, dass sie lieber von Nord nach Süd spielen – das sei aus unerklärlichen Gründen leichter. Und wer sich langweilt, kann in den Stadiontoiletten dies- und jenseits des Äquators einfach mal checken, wo das Wasser in welche Richtung in den Abfluss gurgelt.

XI. Schuld und Sühne: Die größten Sünder der Fußballhistorie ...

Norbert »der Schlitzer« Siegmann, Eric »Kung Fu« Cantona oder »der Schlächter von Bilbao« Andonin Goyceotxea – an berühmten Tretern hat die Fußballgeschichte keinen Mangel. Doch kaputte Knochen des Gegners (Goycotxea hält hier wohl den »Rekord«, er brach gleich zwei Weltklassespielern das Bein: Diego Maradona und Bernd Schuster) allein reichen nicht aus, um in den Olymp der Sünder eingelassen zu werden. Ein Hauch von Charme muss dabei sein – und den können folgende Kicker vorweisen.

»Schorsch« Metzger – Das blödeste Rot aller Zeiten!

Georg Metzger von 1860 München wäre am besten Schiedsrichter geworden – dann hätte er zumindest 1974 im Heimspiel der 2. Bundesliga gegen den FSV Mainz 05 richtig gehandelt. Das war passiert: Der Mainzer Herward Koppenhöfer hatte Metzger wenig sensibel umgesäbelt, eine klare gelbe Karte, mindestens! Doch statt die Entscheidung des Unparteiischen abzuwarten, übte Schorsch Metzger Selbstjustiz. Er griff Schiedsrichter Haselberger in die Brusttasche und zeigte dem verdutzten Koppenhöfer eigenhändig den gelben Karton. Haselberger war von dieser Art der Fremdverwarnung allerdings wenig begeistert – und zeigte Metzger Rot ...

Platzverweise im Sonderangebot: elfmal Rot

Auch die viel gelobten brasilianischen Strandfußballer können unfair sein – in diesem Fall waren sie allerdings eher beleidigt: In einem Spiel der Liga carioca in Rio de Janeiro 2004 trafen der Tabellensechste Bangu und der Verfolger Olaria aufeinander. Weil der Schiedsrichter zehn Minuten vor dem Spielende einen (angeblich unberechtigten) Strafstoß gegen die Heimmannschaft gab, protestierte Bangu auf originelle Weise: Alle Spieler sowie Trainer und Betreuer stellten sich vor den Elfmeterpunkt und blockierten einfach die Ausführung des Elfers. 20 Minuten lang wurde lamentiert und debattiert, da wurde es Schiedsrichter Jose Ezequiel zu bunt. Er zeigte allen Spielern von Bangu die rote Karte und brach das Spiel ab …

Dreimal bei der WM – nur einmal blieb er sauber: Rigobert Song

Das Weltmeisterschafts-Turnier alle vier Jahre, das ist immer auch das Gipfeltreffen der besten Treter aller Kontinente. Bisher »gelang« es allerdings nur einem Spieler, gleich bei zwei WM-Turnieren vom Platz zu fliegen: Rigobert Song. Der Kameruner – während seiner Karriere u. a. vom FC Liverpool und vom 1. FC Kaiserslautern verpflichtet – wurde 1994 in den USA im Spiel gegen Brasilien wegen groben Foulspiels mit der roten Karte bedacht, in Frankreich 1998 erwischte es ihn – und das als Mannschaftskapitän! – gegen Chile wegen eines Ellbogenchecks. Erst beim Turnier 2002 hielt sich Song extrem zurück: nur einmal Gelb im Spiel gegen Deutschland. Übrigens: Bei allen Turnieren flog Kamerun in der Vorrunde raus.

Kein Respekt vor Brillenschlangen: pfui, Dr. Carlos Bilardo!

Als Trainer gab er sich smart, gut gekleidet, gentlemanlike: Dr. Carlos Bilardo, der Zahnarzt, der 1986 mit der argentinischen Nationalmannschaft gegen Deutschland (3:2) den WM-Titel holte. Seine Karriere als Spieler ist allerdings überschattet von einigen derb unfairen Aktionen – eine davon machte ihn auch in Europa berühmt-berüchtigt: Mit seinem Verein Estudiantes de la Plata verlor Bilardo das Weltpokalfinale 1970 gegen den Europapokalsieger der Landesmeister, Feynoord Rotterdam mit 0:1. Daraufhin war Bilardo so wütend, dass er dem Niederländer Joop van Daele, der das Siegtor für Feyenoord erzielt hatte, die Sportbrille zertrat …

Norbert Peter Stiles, das zahnlose Ungeheuer

Apropos Zahnarzt – den hätte Norbert Stiles eigentlich gebraucht. Dem Kult-Abwehrrecken der englischen Weltmeistermannschaft von 1966 fehlten zwei obere Schneidezähne, und er hatte nur eine Prothese, die er vor jedem Spiel herausnahm, um sein schönes Grinsen zu zeigen – das hatte immer den gewünschten Effekt beim Gegner … Es ist ein Wunder, dass »Nobby« bei diesem Turnier – insbesondere bei den beinharten Partien gegen Uruguay und Argentinien – nicht vom Platz flog. Dennoch hält er einen skurrilen WM-Rekord: Der Mann von Manchester United ist der einzige Spieler einer Weltmeisterschaft, der per Brief bereits *vor* einem Spiel gebeten wurde, doch bitte die Gebote der Fairness zu beachten!

Gelb nach drei Sekunden: das schafft nur Vinnie Jones

Wie viele unfaire Zweikämpfe die Fußballhistorie allein Vinnie Jones vom FC Wimbledon zu verdanken hat! Es waren so viele, dass der bekannte Senser gegen Ende seiner Karriere sogar ein Video mit »meinen schönsten Fouls« veröffentlichte (und prompt eine Geldstrafe des englischen Verbandes kassierte …). Sein schönster Rekord stammt allerdings aus dem Jahr 1991. Im Spiel der englischen Liga gegen Manchester City nietete er seinen Gegenspieler bereits gleich nach dem Anstoß um: Gelbe Karte nach drei Sekunden und Weltrekord …

Rekord-Rot für Jens Nowotny – leider eine Fehlentscheidung …

Der Abwehrspieler Jens Nowotny hält den traurigsten Rekord der Bundesliga: Er sah in seiner Karriere beim Karlsruher SC und Bayer Leverkusen insgesamt fünfmal die rote und dreimal die gelb-rote Karte. Achtmal »runter« – selbst der spätere »Blasengel« Stefan Effenberg und Torsten Kracht (jeweils dreimal Rot und viermal Gelb-Rot) konnten da nicht mithalten. Am traurigsten für Nowotny waren aber die Umstände, unter denen er seine Rekord-Karte erhielt. Bei der 0:1-Niederlage mit Bayer Leverkusen in Dortmund 2004/05 war Nowotnys Gegenspieler Dede gestolpert und hatte ihn umgerissen. Der Schiedsrichter wertete dies zu Unrecht als eine »Notbremse« Nowotnys …

Prügel auf dem Platz – für den Mannschaftskameraden!

In der Saison 1995/96 nahm der englische Traditionsverein Blackburn Rovers (immerhin Gründungsmitglied der First Division im Jahr 1888 und sechsfacher FA-Cup-Sieger) als Landesmeister 1995 erstmals an der Champions League teil. Leider bewiesen die Spieler aus dem Norden des Landes wenig Bewusstsein für die englische Tradition des Fair Play: Während der 0:3-Schlappe im Auswärtsspiel bei Spartak Moskau – ein Weiterkommen war bereits nicht mehr möglich – zeigten David Batty und Graem Le Saux ihre Durchschlagskraft nur wortwörtlich und lieferten sich eine klassische Schlägerei auf dem Platz. Als Gegner suchten sie sich dabei keinen gegnerischen Spieler aus – die frustrierten Rovers prügelten sich einfach gegenseitig. Der Schiedsrichter traf die einzig richtige Entscheidung: zweimal Rot.

Das Wunder von Bern – nur möglich durch die Grätsche von Basel …

Es war das vielleicht wichtigste Foul der deutschen Länderspielgeschichte: Im berühmten Gruppenspiel der WM 1954 unterlag die deutsche Mannschaft gegen Ungarn mit 3:8, schonte sieben Stammspieler und wog die Ungarn in trügerischer Sicherheit für das Finale. Doch viel wichtiger als der berühmte Herberger-Coup war eine Aktion aus der 61. Spielminute: Werner Liebrich vom 1. FC Kaiserslautern – eigentlich nur als Platzhalter für den HSVer Jupp Posipal in der Position des Mittelläufer gedacht, ab dem Viertelfinale dann in der Anfangself – trat dem ungarischen Starspieler Ferenc Puskas derart auf den Knöchel (die so genannte Herberger-Grätsche …), dass dieser vom Platz getragen werden musste. Erst im Endspiel von Bern gegen Deutschland kam der »Major« wieder zum Einsatz – aber er war nur ein Schatten seiner selbst und unterlag mit seinen Ungarn 2:3 …

1860 München 19-mal Deutscher Meister? Ja, wenn es nur diese Ohrfeige nicht gegeben hätte …

»Kaiser« Franz Beckenbauer und die sensationelle Erfolgsgeschichte des FC Bayern München – zwei Begriffe, die untrennbar zusammengehören. Dabei hätte alles auch ganz anders ausgehen können. Der junge Franz war eigentlich ein großer Fan des Stadtrivalen 1860 München und wollte von seinem ersten Klub SC München 06 auch zu den Blauen wechseln. Doch während eines Turniers wurde Beckenbauer von einem 1860-Spieler geohrfeigt und entschied sich entrüstet für einen anderen Verein – für den FC Bayern …

XII. Schiedsrichter, Telefon! Die größten Pfeifen der Geschichte …

Auch wenn die Fans allzu gern dem Unparteiischen die Schuld am Versagen der eigenen Mannschaft in die Fußballschuhe schieben – manchmal ist da auch etwas dran. Die größten Pfeifen der Fußball-Historie hatten oft auch selbige im Mund! Von purer Unfähigkeit bis zu mehr oder minder offensichtlicher Bestechung ist da alles vertreten. Hier eine kleine Auswahl der schönsten Totalausfälle unter den Schiedsrichtern.

Ken Aston – der schiefe Turm in der »Schlacht von Santiago«

Das hässlichste Spiel der WM-Geschichte hatte viele Ursachen – eine davon war leider der Pfeifenmann: Schon vor dem Gruppenspiel der WM 1962 zwischen Gastgeber Chile und Italien gingen die Emotionen hoch. Die Italiener hatten drei abgeworbene südamerikanische Spieler in ihren Reihen, Chile zuvor als »WM-untauglich« und die chilenischen Frauen als »leicht« bezeichnet. Beide Mannschaften traten vom Anpfiff weg auf alles, was sich bewegte, und lieferten sich immer wieder Boxeinlagen, bei denen sogar die chilenische Polizei mitmischte. Der englische Schiedsrichter Kenneth Aston hatte wohl Angst um sein Leben und begünstigte die Chilenen eindeutig. Nach sechs Minuten stellte er den Italiener Ferrini vom Platz, der jedoch weigerte sich zu gehen – und wurde von der Polizei abgeführt. In der 40. Minute schlug der Chilene Sanchez seinem Gegenspieler David ins Gesicht – Freistoß für Chile! Kurz darauf flog David nach einem Foul an Sanchez vom Platz. Chile siegte schließlich gegen neun Mann 2:0 und erreichte das Halbfinale, Italien schied aus, Kenneth Aston kam gesund aus dem Stadion – aber er pfiff nie wieder ein WM-Spiel …

Walter Eschweiler – Note 10,0 für seinen Purzelbaum

Manchmal sehen die Pfeifenmänner wirklich idiotisch aus – dabei sind sie eigentlich WM-Helden! Zum Beispiel der deutsche Schiedsrichter Walter Eschweiler: Er stieß beim WM-Gruppenspiel 1982 in Spanien zwischen Italien und Peru (1:1) versehentlich mit dem Spieler Jose Velasquez zusammen und stürzte recht ungeschmeidig zu Boden. Doch der Mann aus Euskirchen behielt trotz der Peinlichkeit die Übersicht und reagierte professionell: Zunächst unterbrach Eschweiler den Regeln entsprechend das Spiel, danach sammelte er alle seine Schiedsrichter-Utensilien – und einen verlorenen Zahn! – ein und ließ das Spiel fortführen.

Die »schwarze Sau« in Weiß – das bedeutet Rot …

Die Schiedsrichter, wegen ihrer Kleidung früher gern als »schwarze Sau« tituliert, sind im Normalfall die einzigen Akteure auf dem Spielfeld, die andere vom Platz stellen dürfen. Referee Mr. J. Thomson aus Burbank erging es 1930 allerdings einmal umgekehrt! Im alljährlichen Vergleichskampf zwischen den Städten Sheffield und Glasgow erfüllte er seine Aufgabe in einem weißen statt in einem schwarzen Jersey – und nervte vor allem den Kapitän der Sheffield-Auswahl, Jimmy Seed. Nach einem Fehlpass in Richtung Schiedsrichter (Sheffield spielte in Weiß) ging er zu Mr. Thomson und stellte ihn vom Platz … bzw. fragte britisch-höflich nach, ob Mr. Thomson nicht seine schwarze Schiedsrichterjacke überziehen könne. Der Unparteiische gehorchte und führte die Partie zu einem fairen – und nahezu fehlpassfreien – Ende.

Olympischer Rekord: sechs Elfmeter – auf einmal …

Fünf Strafstöße in nur einer Partie sind immer noch WM-Rekord (aufgestellt 1930 in der Partie zwischen Argentinien und Mexiko) – aber sechsmal *derselbe* Elfer? Charles Ariiotima, ein Schiedsrichter aus Tahiti, sorgte beim olympischen Fußballturnier 2004 in Athen für diesen Knüller: Im Gruppenspiel zwischen Tunesien und Serbien-Montenegro (3:2) ließ er den Strafstoß von Mohamed Jedidi zum 2:1 insgesamt fünfmal wiederholen. Bei jeder Ausführung war gleich irgendein Spieler in den Strafraum gelaufen! Die ersten beiden Schüsse waren sicher im Tor, Nummer drei und vier wurden gehalten, der fünfte und der entscheidende sechste wiederum waren drin …

Rudolf Kreitlein oder: Wie stellt man einen Argentinier vom Platz?

Beim Skandalspiel des WM-Viertelfinales 1966 zwischen Gastgeber England und Argentinien (1:0) zeigte sich der deutsche Schiedsrichter Rudolf Kreitlein recht hilflos: Eigentlich wollte er nur den Argentinier Luis Artime nach einem Foul ermahnen, fair zu bleiben – doch Antonio Rattin, der bereits verwarnte Kapitän der Gauchos, eilte herbei und nervte Kreitlein mit seinen Protesten. Weil Rattin partout nicht weiterspielen wollte, stellte Kreitlein ihn vom Platz – vergebens! Der Argentinier (und alle seine Mannschaftskameraden) taten so, als würden sie nichts verstehen. Rattin musste von den Londoner Bobbys vom Platz geholt werden. Übrigens: Einen Tag später grübelte Kenneth Aston (siehe oben), inzwischen zum FIFA-Oberschiedsrichter befördert, in seinem Auto darüber nach, wie so etwas in Zukunft zu verhindern wäre. Da wurde vor ihm eine Ampel erst gelb und dann rot – und Aston erfand die gelbe und rote Karte …

Andy Wain – der Schiri, der sich selbst vom Platz stellte

Auch die Rückseite der roten Karte weist den Weg unter die Dusche – sogar für den Schiedsrichter! Immer wieder haben sich Unparteiische gnadenlos selbst des Feldes verwiesen. Zuletzt wagte dies der Engländer Andy Wain. Im Spiel der Third Division zwischen Peterborough North End und Royal Mail AYL im Jahr 2005 war Wain sauer auf den Torwart der Heimmannschaft, der nach einem Treffer wegen vermeintlicher Abseitsstellung lautstark reklamierte.

Dem Pfeifenmann knallten alle Sicherungen durch, er schmiss die Pfeife zu Boden und marschierte auf den Keeper zu. Auf halbem Wege stoppte Wain jedoch ab (Kommentar der BBC: »Er stritt mit sich selbst über den Platzverweis«) – und zog die einzig mögliche Konsequenz: Rote Karte wegen versuchter Tätlichkeit. Weil kein Ersatzschiedsrichter zugegen war, musste die Partie abgebrochen werden …

»Mach was, du Idiot« oder: Wie der Schiri einen Elfmeter herausholt …

Der Hamburger SV hatte sich bereits mehrfach »auf dem Dorf« blamiert – da wunderte sich niemand, als der HSV 2004/05 auch beim Regionalligisten SC Paderborn mit 2:4 aus dem DFB-Pokal ausschied. Wundersam waren allerdings die Umstände: 2:0 führten die Gäste von der Elbe zur Pause, bis zwei mysteriöse Elfmeter und eine gelb-rote Karte für Emile Mpenza das Blatt wendeten. Später kam heraus: Schiedsrichter Peter Hoyzer hatte das Spiel für drei kroatische Brüder aus Kroatien manipuliert, damit die bei Sportwetten einen ordentlichen Batzen einstecken konnten. Zumindest ein Spieler der Paderborner wusste auch Bescheid: Thijs Waterink. Berühmt der Zuruf von Peter Hoyzer, kurz bevor er Strafstoß für die Paderborner pfiff:»Mach was, Du Idiot«. Der Idiot gehorchte, ließ sich nach einem Eckball im Strafraum fallen – und wurde später vom SC Paderborn entlassen.

Das Wembley-Tor oder: Ein echter Linien-»Richter«

Der Schweizer Unparteiische Gottfried Dienst galt als bester Schiri der 60er Jahre. Daran änderte auch die 101. Minute im WM-Finale 1966 zwischen England und Deutschland (4:2 n. V.) nichts. Schuld an der Diskussion über das Tor von Geoff Hurst, die seitdem hin und her wogt, trug einzig der Linienrichter Tofik Bachramow aus der damaligen Sowjetunion. Er war es, der aus 40 Metern Entfernung den Ball deutlich hinter der Linie gesehen haben wollte. Wie er diese Beobachtung dem Schweizer Schiedsrichter beibrachte, bleibt bis heute unklar – der schnauzbärtige Lehrer aus Baku sprach nämlich nur Russisch und Türkisch. Dem berühmtesten Linienrichter der Welt wurde jedoch eine ganz besondere Ehre zuteil: Nach ihm ist das heutige Nationalstadion in Aserbaidschans Hauptstadt (36 800 Plätze) benannt. Und auf dem Vorplatz steht er verewigt – in Bronze. Welcher Unparteiische kann das schon von sich behaupten?

Platt wie eine Briefmarke – Peter Hertel schreibt norwegische Postgeschichte

Anlässlich seines 100. Jubiläums dachte sich Norwegens Fußballverband 2002 etwas ganz Besonderes aus: Der norwegische FIFA-Schiedsrichter Lars Johan Hammer sollte eine Briefmarke zieren. Bei der offiziellen Vorstellung der neuen Marke in Oslo zog der so Geehrte, der sich schon in einer Reihe mit Nobelpreisträgern und gekrönten Häuptern sah, allerdings ein langes Gesicht: »Der Mann auf der Marke war nicht ich. Ich trage weder Brille noch Bart.« Doch wer war denn nun auf der Briefmarke? Eine Osloer Zeitung veröffentlichte eine Suchmeldung, und ein deutscher Schiri-Kollege identifizierte den Unbekannten: Es handelte sich um den Fürstenwalder Amateur-Schiri Peter Hertel. Der Deutsche, der zumeist in der 6. Liga pfeift, nahm's mit Humor und wurde 1,3 Millionen Mal verkauft.

Zu tief ins Glas geschaut – Die kürzeste Halbzeit der Bundesliga-Geschichte

Es ist nur eine von vielen Aktionen, die Schiri Wolf-Dieter Ahlenfelder in die Schlagzeilen brachte, doch sie machte ihn zur Legende: In der Saison 1975/76 pfiff er in seinem sechsten Bundesliga-Spiel die erste Halbzeit der Begegnung zwischen Werder Bremen und Hannover 96 im Weser-Stadion nach nur 29 Minuten ab. »Ich habe zum Mittagessen nur ein Bier und einen Schnaps getrunken. Wir sind Männer und trinken keine Fanta«, erklärte er sich anschließend der verblüfften Fußballnation. Nach heftigem Winken des verstörten Linienrichters wurden die verbleibenden Minuten mit einem Schiedsrichterball fortgesetzt. Ahlenfelder leitete bis 1988 insgesamt 106 Bundesligapartien. In vielen Bremer Kneipen ist die legendäre Begegnung unvergessen: Wer einen »Ahlenfelder« bestellt, bekommt Bier und Malteser.

(Un-)wahre Größe: die Enthüllung der Statue des berühmtesten Linienrichters der Welt, Tofik Bachramow

XIII. Elf Meter – ein Wahnsinn: der so genannte Strafstoß

Der wunde Punkt beim Fußballspiel ist nicht selten der Elfmeterpunkt. Hier werden Helden geboren – und (Ex-)Helden zum Deppen der Nation gestempelt. Nachzufragen bei Uli Hoeneß (den Ball, den er im EM-Finale 1976 in den Nachthimmel von Belgrad jagte, sucht der Platzwart heute noch …) oder David Beckham (der bei der EM 2004 den offiziellen Uli-Hoeneß-Gedenk-Elfer fast aus dem nagelneuen Estadio da Luz hämmerte). Dabei begann die Fußballgeschichte mit großem Widerstand gegen den so genannten Strafstoß: In der Steinzeit des Fußballs wehrten sich die britischen Gentlemen gegen eine solche Regelung – als ob ein Foulspiel jemals von ihnen beabsichtigt sein könnte! Doch nach dem Spiel Notts County gegen Stoke City 1891, bei dem ein Spieler in der Schlussminute den Ball mit der Hand abwehrte und nur mit Freistoß bestraft werden konnte, änderten die hohen Herren ihre Meinung … Das erste Elfmeterschießen zur Ermittlung eines unentschieden ausgegangenen Spieles fand übrigens 1970 statt: George Best traf für Manchester United im Halfbinale des (kurzlebigen) Watney-Cups gegen Hull City – Endergebnis 4:3. Nicht immer ging es ganz so unfallfrei zu …

Neue Schuhe – neuer Schütze: Wie Andreas Brehme 1990 zum WM-Helden wurde

Einen der wichtigsten Elfmeter der deutschen Fußballgeschichte verwandelte nicht derjenige Spieler, der eigentlich dazu auserkoren war. Lothar Mattäus – mit acht Toren immer noch der erfolgreichste Schütze der deutschen Nationalmannschaft vom ominösen Punkt – sollte im WM-Finale 1990 gegen Argentinien einen möglichen Strafstoß schießen. Als es in der 85. Minute so weit war, kniff der abergläubische »Loddar« allerdings: Während der Partie war sein rechter Schuh gebrochen, und der deutsche Kapitän hatte einen neuen, extra für ihn zur WM hergestellten Buffer angezogen. Das war ihm zu gefährlich, und so traf sein Kumpel Andreas Brehme zum entscheidenden 1:0 für Deutschland. Lothar Matthäus hat mit seiner weisen Weigerung möglicherweise die WM entschieden …

Knapper Sieg im Elfmeterschießen – gegen einen Elefanten!

1898 nahmen die Spieler des englischen Zweitligisten Leicester Fosse (heute: Leicester City) eine wirklich riesengroße Herausforderung an: Der in der Stadt auftretende Zirkus wollte ein Elfmeterschießen gegen die Profis veranstalten – und zwar mit seinem besten »Mann«, dem Elefanten. Leicester sagte gern zu, denn der Klub wusste nicht, wie gut der graue Edeltechniker trainiert war! Drei Spieler in Folge bekamen den Ball nicht am Biest vorbei – da musste erst Leicester-Star William Keech her: Mit dem berühmten Täuschungsmanöver »links schauen, aber rechts versenken« traf er dreimal in Folge – Leicester gewann das Duell gerade noch 3:2. Es ist leider nicht überliefert, mit welchem Bein der Dickhäuter seine beiden Treffer erzielte – links vorn oder rechts vorn, oder gar mit einem Hinterbein? …

Wenn der ominöse Punkt kaputt ist – Japan gegen Jordanien 2004 …

Einen Spieler während des Elfmeterschießens auszuwechseln ist bekanntlich erlaubt. Aber kann man auch das Tor wechseln? Kein Problem, fand der malayische Schiedsrichter Mohd Subkhiddin während des Viertelfinales des Asien-Cups im Jahr 2004: Zwischen Japan und Jordanien hatte es nach 120 Minuten 1:1 gestanden, im Strafstoßschießen führte Außenseiter Jordanien mit 2:0. Doch die japanischen Spieler forderten vehement, auf das andere Tor schießen zu dürfen, weil der Rasen in der Umgebung des Elfmeterpunktes beschädigt sei und deshalb zwei Japaner übers Tor geschossen hätten. Die Jordanier gerieten nach der fragwürdigen

Entscheidung in Rage – und vergeigten drei ihrer nächsten vier Schüsse. Ergebnis: 4:3 für Japan.

Wenn Torhüter Elfmeter schießen – geht das manchmal nach hinten los

Torhüter werden nicht nur als Elfmetertöter berühmt – manchmal verwandeln sie auch selbst einen. Berühmteste Beispiele sind José Luis Chilavert aus Paraguay (hält mit 58 Treffern immer noch den Torwarttor-Rekord), der Mexikaner Jorge Campos oder Hans Jörg Butt. Mit bisher 25 verwandelten Strafstößen hält der Keeper von Bayer Leverkusen den deutschen Rekord – in der Saison 1999/2000 war er mit neun Toren sogar Erster der internen Torjägerliste seines damaligen Vereins Hamburger SV! Einmal aber wurde ein Elfmetertreffer von Hans Jörg Butt wahrlich zum Bumerang: In der Saison 2003/04 verwandelte er seelenruhig zur 3:1-Führung Leverkusens bei Schalke 04 und trabte locker zurück in Richtung eigenes Tor. Plötzlich wurde er überholt – und zwar vom Ball! Mike Hanke hatte den Schalker Anstoß blitzschnell ausgeführt und sofort aus 50 Metern Entfernung ins Leverkusener Tor geschossen … Der Fehler an dieser Aktion: Hanke hatte den Ball beim Anstoß zweimal berührt – was verboten ist. Zum Glück für ihn hatte der Schiedsrichter das nicht gesehen.

Der »längste« Elfmeter aller Zeiten – ausgeführt nach 24 Tagen …

Oft wurden große Fußballspiele nachträglich von Schriftstellern zu Literatur verarbeitet – z. B. von Nick Hornby oder Eduardo Galeano. Einmal in der Fußballgeschichte nahm jedoch ein Autor ein skurriles Ereignis vorweg: 1994 schrieb der Argentinier Osvaldo Soriano die Erzählung »Der längste Elfmeter der Welt«, in der in einem vermeintlichen Spiel aus dem Jahr 1958 ein unberechtigter Strafstoß gegeben wurde, der wegen Zuschauertumulten aber nicht sogleich geschossen werden konnte, und es daher erst eine Woche später zur Ausführung kam. 2004 geschah dann das Unglaubliche. In der argentinischen Drittligapartie zwischen Defensores Cambaceres und Atlanta zeigte der Schiedsrichter neun Minuten vor Abpfiff auf den Elfmeterpunkt – die Anhänger von Cambaceres drehten durch. Der Schiri pfiff ab, der argentinische Fußballverband entschied, das Spiel 24 Tage später auf neutralem Platz fortzusetzen – inklusive des Elfmeters und der restlichen neun Spielminuten, verteilt auf zwei »Halbzeiten« à viereinhalb Minuten ... Zur Tat schritt schließlich der Spieler Lucas Ferreiro, den der lange Anlauf offensichtlich nicht nervös gemacht hatte: Er versenkte den Ball hoch ins linke Eck, Atlanta siegte 1:0.

Kein Saisonspiel absolviert, aber zwei Elfmeter gehalten: Pietro Spinosa und das »Wunder von Castel di Sangro«

Der sensationelle Aufstieg des Dorfklubs Castel di Sangro Calcio in die italienische Serie B im Jahr 1996 – im Fußballroman des Amerikaners Joe McGinniss ausführlich beschrieben – wurde erst in einem Entscheidungsspiel gegen Ascoli klargemacht. Hier geschah dann auch das viel beschriebene Wunder: Die gesamte Saison über hatte die Nummer eins den Kasten des Dorfklubs aus den Abruzzen gehütet, natürlich auch im Entscheidungsspiel. Da dies nach 120 Minuten unentschieden stand, wechselte Trainer Osvaldo Jaconi noch einmal aus – und zwar den Keeper! Der 34-jährige Pietro Spinosa, der nicht eine Minute in der gesamten Saison gespielt hatte und seit zwei Jahren nur auf der Bank saß, stellte sich zwischen die Pfosten von Castel di Sangro – und der Routinier hielt tatsächlich zwei Elfer und brachte sein Team nach oben. ...

XIV. Revolutionen des Regelwerks: Von der Steinzeit in die Neuzeit

In der Frühphase des Fußballs wurden – auch ohne den umtriebigen FIFA-Präsidenten Sepp Blatter – viele »revolutionäre« Regeln eingeführt, für die alle Fans heute dankbar sind: Seit 1875 z. B. muss bei den Toren statt eines Stoffbandes eine Querlatte vorhanden sein, seit 1878 ist der Schiedsrichter verpflichtet, eine Pfeife zu benutzen, 1902 wurde aus der herzförmigen Linie vor den Toren der heute bekannte Fünfmeterraum. Eine der wichtigsten Neuerungen gab es 1896: Der Fußballplatz muss seitdem frei von Bäumen und Sträuchern sein … Sepp Blatter selbst überraschte mit so mancher »Schnapsidee«, die zum Glück wenig Anhänger fand: Austragung der WM alle zwei Jahre, größere Tore, kleinere Hosen beim Frauenfußball – ein Schelm, wer Böses dabei denkt. Im Folgenden einige weitere rigide Regularien, welche die schönste Nebensache der Welt immens beeinflussten ….

Der Urknall des Regelstreits: das so genannte Abseits

»Abseits ist, wenn das blonde Arschloch zu spät abspielt«, befand einst Trainer-Guru Hennes Weisweiler mit einem kleinen Seitenhieb auf Günter Netzer – und prägte damit die einfachste und klarste Definition des schwierigen Paragrafen. Die offiziellen Fußballregeln machten es sich nie so einfach und wurden zudem immer mal wieder geändert. So sahen die ersten Regeln aus dem Jahre 1863 vor, dass ein Spieler abseits war, wenn er sich bei der Ballabgabe vor dem abgebenden Spieler befand (genauso wie beim Rugby). D. h., man durfte den Ball nicht nach vorne passen. Ab 1866 war ein Spieler im Abseits, wenn er bei Ballabgabe näher an der Torlinie war als drei (!) Abwehrspieler; ab 1925, wenn er näher war als zwei Spieler. In Schottland gab es diese Regel bereits viel früher, sodass es 1884 zu einer absurden Begegnung der dritten Art kam: Der schottische Klub Queens Park Glasgow stand im englischen FA-Cup-Finale und verlor gegen die Blackburn Rovers mit 1:2, weil zwei Tore von Queens Park – die in Schottland gegolten hätten – wegen (englischen) Abseits nicht gegeben wurden … 1995 dann das »passive Abseits« (das ja gar kein Abseits ist!): Dieser Regel zufolge steht ein Spieler bei Ballabgabe *nicht* im Abseits, obwohl weniger als zwei Abwehrspieler näher an der gegnerischen Torlinie stehen, wenn er nicht ins Spielgeschehen eingreift. Greift er aber in der folgenden Spielsituation wieder ein (z. B. weil ein anderer, nicht im Abseits befindlicher Angreifer ihm den Ball zuspielt), wird die passive, d. h. Nicht-Abseitsposition, nachträglich doch wieder zum Abseits – also zu einer Art aktivem »passiven Abseits« … Der Gipfel der Genüsse war 2005 die Neuregelung zum Confederations Cup. Seitdem wird ein Spieler wegen einer Abseitsstellung nur bestraft, wenn er den Ball berührt oder einen Gegenspieler daran hindert. Das bedeutet sinnlose 40-Meter-Sprints, an deren Ende dann der Schiedsrichterassistent die Fahne hebt … Hennes Weisweiler, übernehmen Sie!

Drei Ecken, ein Elfer? Nein: vier Ecken, ein Tor – Die Germanisierung der »Engländerei« …

In der Frühzeit des deutschen Fußballs gab es – noch vor der Gründung des DFB im Jahre 1900 – mehrere konkurrierende Verbände. Einer davon, der »Bund Deutscher Fußballspieler« (BDF), hatte sich zum Ziel gesetzt, aus dem englischen Spiel ein deutsches zu machen. Daher auch einige »kreative« Regelabwandlungen. Natürlich war ein Tor auch weiterhin ein Tor, daran wollte niemand rütteln. Doch es gab die Möglichkeit, *nach* dem Spiel der erzielten Trefferzahl noch etwas hinzuzufügen. Für einen erkämpften Eckstoß erhielt eine Mannschaft fünf Punkte, für einen Einwurf drei. 20 erzielte Punkte ergaben ein Tor, d. h. mit vier Eckbällen gab's glatt ein Törchen geschenkt! Die alte Straßenfußball-Regel »Drei Ecken, ein Elfer« hatte also einen prominenten Vorläufer. Erster und einziger Meister des kurzlebigen BDF (warum bloß? …) wurde

1892 Germania Berlin – deren Ergebnisse gegen Teams wie Teutonia, Hellas oder Askania sind aber nicht überliefert.

Sam Widdowson – das erste Weichei der Fußballgeschichte

»Britische Härte« – bis heute ein gern benutztes Wort, um ein übles Foul zu kaschieren. Spieler der englischen Liga, die ohne Rücksicht auf die eigene Gesundheit (und vor allem die Gesundheit des Gegners!) in den Zweikampf gehen, gehören seit über 100 Jahren zur schönsten Nebensache der Welt. Gab es je auf der Insel einen Fußballer, der Angst vor einer Grätsche hatte? Zumindest einen! Ausgerechnet ein englischer Nationalspieler wurde zum Urenkel aller Heintjes auf dem Fußballplatz: Sam Widdowson von Nottingham Forest ließ sich 1874 die Schienbeinschützer patentieren! Machte er deshalb vielleicht nur ein einziges Länderspiel in seiner Karriere (übrigens ein 4:5 gegen Schottland)? Egal, Profikicker sind jedenfalls verpflichtet, die Dinger zu tragen.

Um die Ecke gebracht: Scarone, Onzari und die Einführung des Eckballtores

Bei den Olympischen Spielen 1924 begeisterte der uruguayische Stürmer Hector Scarone die Zuschauer dadurch, dass er in zwei Spielen die Kugel per Eckball direkt im Tor versenkte. Doch der damaligen Regel entsprechend, wurden beide Treffer nicht gegeben. Uruguay wurde auch ohne Eckballtore Olympiasieger und stellte den Antrag, diese künftig gelten zu lassen. Am 1. Oktober 1924 gab die FIFA dem Antrag statt, am 2. Oktober traf Uruguay in einem Länderspiel auf den Erzrivalen Argentinien. Und tatsächlich fiel auch das erste direkt aus einer Ecke erzielte Tor der Fußballhistorie – Schütze war allerdings nicht Uruguays Hector Scarone, sondern der Argentinier Cesar Onzari …

Die spinnen, die Briten: kein Punkt für ein Unentschieden

Als 1888 die englische First Division mit zwölf Vereinen ihre Geburtsstunde erlebte, wurden erstmals in der Fußballgeschichte Punkte verteilt. Der Clou: Die Liga änderte nach Saisonbeginn noch schnell die Regeln. An den ersten Spieltagen hatte es zwei Punkte für das siegreiche Team gegeben – und keinen im Falle eines Unentschiedens! Nach Berichtigung dieser Regel – ein Punkt für beide Konkurrenten – wurde Preston North End mit 18 Siegen und vier Unentschieden erster englischer Meister. Eigenartig: Als 1871 mit dem FA-Cup der erste Pokalwettbewerb aller Zeiten eingeführt wurde, galt die Unentschieden-Regel umgekehrt: Da flogen nicht etwa beide Mannschaften aus dem Pokal raus, sondern beide durften in die nächste Runde einziehen! Crystal Palace machte 1871/72 zweimal von dieser Regel Gebrauch und kam so mit nur einem einzigen Sieg bis ins Halbfinale. Oh glückliche Jugendzeit des Fußballs …

Regeln à la '54 oder: Wie das Wunder von Bern erst ermöglicht wurde

Sepp Herbergers großer Bluff gegen Ungarn bei der Weltmeisterschaft 1954 – die 3:8-Pleite in der Vorrunde und das darauf folgende Entscheidungsspiel gegen die Türkei – immer wieder wird gern davon gesprochen. Doch wie kam das eigentlich zustande, rein regelkundlich? Die WM 1954 ist ein Paradebeispiel dafür, was sich Funktionäre alles einfallen lassen, wenn sie zuviel Zeit haben. Um die Vorrunde von drei auf zwei Spieltage zu verkürzen, spielten in den Vierergruppen der Vorrunde jeweils nur die gesetzten gegen die ungesetzten Mannschaften. In der deutschen Gruppe hieß dies: Das ungesetzte Deutschland musste gegen die gesetzte Türkei und die gesetzten Ungarn ran, nicht aber gegen das ebenso ungesetzte Südkorea. Nun gab es aber zwei weitere Ideen der FIFA-Verantwortlichen: Sollten Gruppenspiele (!) unentschieden ausgehen, mussten sie in die Verlängerung (so die Spiele Brasilien – Jugoslawien (1:1 n. V.) und England – Belgien (4:4 n. V.)). Und: Bei Punktgleichheit zweier Teams sollte nicht die Tordifferenz oder das direkte Duell den Ausschlag geben, sondern ein Entscheidungsspiel. Damit war der eingesparte dritte Spieltag natürlich wieder verloren … Egal: Für Sepp Herberger ergab das eine einfache Rechnung. Nach einem Sieg im ersten Spiel gegen die Türkei (4:1), der deutschen Schlappe gegen Ungarn sowie gleichzeitigen Siegen von Ungarn und der Türkei gegen Südkorea kam es zum erneuten Duell mit der Türkei (7:2) und zum exakt geplanten Einzug ins Viertelfinale …

XV. Pinkeln auf den Ball & Co.: Verrückte »Trainings«-Methoden

Harte Hunde hat es unter den Trainern schon immer gegeben. Da war Branko Zebec, der zum »Aufwärmen« seine Mannen 30–40-mal um den Platz wetzen ließ (Kommentar seines Spielers Kevin Keegan beim HSV: »Wir waren froh, wenn Samstag war. Da hatten wir ein Spiel und mussten nicht trainieren«). Oder da ist Felix Magath, der gerne schon um acht Uhr morgens seine Kicker zum Training bittet und die Bayernstars derzeit mit Medizinbällen quält (Kommentar seines Spielers Jan-Aage Fjörtoft bei Eintracht Frankfurt: »Ich weiß nicht, ob Felix Magath die Titanic gerettet hätte. Aber alle Passagiere wären topfit gewesen« …) Aber nicht alle Übungsleiter sind so konservativ. Mit welchen Methoden ebenfalls Bestleistungen herausgekitzelt werden können, zeigen die Beispiele der folgenden Trainer-Gurus …

Nix mit Zielwasser! Uwe Klimaschewski und die neue Motivation beim Torschusstraining

Trainer Uwe Klimaschewski und die Abschlussschwäche seines FC Homburg in der Saison 1975/76: nur 51 Tore in 38 Spielen in der 2. Liga Süd. Wie sollte er seinen Stürmern das »Knipsen« bloß beibringen? Am Morgen des Rosenmontags 1975 – die Nacht davor soll sehr kurz gewesen sein – kam der Übungsleiter endlich auf die rettende Idee. Den Spielern muss eine echte Motivation beim Zielen gegeben werden! Gesagt, getan: Mit ein paar Helfern schnappte sich Klimaschewski den vorlauten Platzwart mit dem Spitznamen »Brüder« und band ihn mit 20 Sprungseilen an einen der Torpfosten … Die Stürmer waren begeistert und gingen mit vollem Eifer ans Schießen. Verletzt wurde »Brüder« nicht. Wie viele Tore bei diesem Sondertraining fielen, ist leider nicht überliefert.

Der große (Motiva-)Tor: Otto Rehhagel und die Ausländer

Otto Rehhagel – mit drei Meisterschaften, drei DFB-Pokalsiegen und dem Europapokal der Pokalsieger einer der erfolgreichsten deutschen Trainer überhaupt – hält einen tollen Rekord: Er ist der einzige Trainer, der als Ausländer einen EM- oder WM-Titel gewann! Die Europameisterschaft 2004 mit Griechenland – ein sporthistorisches Ereignis. Umso überraschender, dass König Otto – bekannt für seine ebenso simplen wie effektiven Motivationskünste – einen der peinlichsten Sprüche der Bundesligageschichte auf einen Ausländer münzte. Vor dem Heimspiel des FC Bayern München 1996 gegen Hansa Rostock wollte er sein Team mit dem Satz »Ausländer wie Akpoborie nehmen euch die Arbeitsplätze weg« anstacheln. Irgendwie tat das bei den edlen Bayern keine Wirkung – prompt vergeigten sie gegen den Abstiegskandidaten 0:1 … Die »Strafe« für Rehhakles folgte noch in derselben Woche: Entlassung wegen Erfolglosigkeit.

Muti oder: Wie man in Afrika wichtige Spiele gewinnt …

Beweise gibt es natürlich nicht: Aber die Mehrheit der afrikanischen Fußballspieler ist überzeugt davon, dass ein wenig Magie (=*Muti*) dem Erfolg auf die Sprünge hilft. Viele Vereine und Nationalmannschaften haben neben dem Trainer einen »Doktor«, der zumeist mehr Einfluss auf die Spieler hat als der vermeintliche Chef und manchmal sogar mehr verdient als die Stars … Die beliebtesten Methoden sind folgende: Einritzen der Haut vor dem Spiel, Pinkeln auf den Ball oder in den Strafraum des Gegners, Vergraben von verzauberten Gegenständen im Strafraum des Gegners, Besprenkeln der Trikots oder der Schuhe oder der Tür zum Umkleideraum mit Zaubertränken. Wenn ein Heimteam lange ungeschlagen war, ziehen sich die Gäste nicht in der Kabine, sondern lieber draußen um. Wenn die Seitenlinie vom Gegner verzaubert wurde, fährt man zuerst mit dem Fahrrad drüber. Und wenn es einem Stürmer an Schnelligkeit fehlt, wird eine Fliege geopfert …

Europäer sollten allerdings nicht lachen – auch auf dem vermeintlich aufgeklärten Kontinent haben viele Fußballer so ihre Macken und Rituale! Oder wie soll man es deuten, dass Norbert Nigbur immer ein Bildnis des Papstes im Schuh hatte und sein Klub Schalke 04 Papst Johannes Paul II. zum Ehrenmitglied machte …?

Gummitwist mit Klinsi oder: Wie Deutschland Weltmeister 2006 wird …

Deutsche Nationalspieler ungeschmeidig beim »Ententanz«? Teutonische Fußballhelden hilflos beim »Gummitwist« oder gar – unfassbar – bei der »Verrichtung ihrer Notdurft« mitten auf dem grünen Rasen? Der Spott war groß, als der neue Bundestrainer Jürgen Klinsmann 2004 den amerikanischen Fitness-Guru Mark Verstegen aus den USA mitbrachte und den deutschen Geradeausläufern ein paar neue Übungen ans Herz legte, um Kondition und Beweglichkeit zu verbessern. Der Aufschrei verhallte jedoch nach den ersten guten Ergebnissen in Freundschaftsspielen und beim FIFA Confederations Cup 2005 – zumal sich bald herausstellte, dass individuell geschneiderte Trainingsprogramme und Beobachtung der Spieler per Video auch beim Training einfach nur alte Hüte sind …

Der englische Nationaltrainer – Zum Absegnen der Aufstellung gab's eine Kommission …

Der englische Fußballverband hat so seine strengen Prinzipien – Sven Göran Eriksson, seit 2001 der erste ausländische Nationaltrainer der englischen Nationalmannschaft, kann davon ein Liedchen singen … Doch nicht erst der Schwede hatte so seine Probleme mit der FA: Eigentlich waren alle Nationaltrainer bis 1963 nicht viel mehr als ein Grüßaugust. Abgesehen davon, dass in England das Training traditionell vom Kapitän geleitet wurde, hatte der Nationaltrainer nicht mal bei der Aufstellung etwas zu sagen. Die wurde ihm von der FA Commission vorgegeben … Erst Alf Ramsey machte Schluss mit dieser Idee. Der Mann, der mit Ipswich Town in die englische First Division aufgestiegen und in der ersten Saison 1962 sogleich Meister geworden war, ließ sich von den Verbandsfunktionären nichts erzählen und stellte auf, wen er wollte. Ergebnis: der WM-Titel 1966.

Ausdauertraining bei Espanyol – mit einer kleinen Verfolgungsjagd …

Die Spieler des spanischen Erstligisten Espanyol Barcelona staunten nicht schlecht: Während einer Übungseinheit im März 2003 riss ein Gauner dem Platzwart des Klubs den Koffer mit den Einnahmen vom letzten Heimspiel aus der Hand – und das am helllichten Tag, genau neben dem Trainingsgelände. Die Profis zögerten keine Sekunde und nahmen die Verfolgung auf. Ergebnis der etwas anderen »Rudelbildung«: Der Räuber erkannte, dass ihm eine durchtrainierte Truppe auf den Fersen war, und ließ den Koffer lieber fallen. Das Geld konnten die Spieler retten, doch der Täter verschwand im Gedränge der katalanischen Hauptstadt.

Carlito Rocha oder: Der Wahnsinn hat Methode

In den 40er und 50er Jahren des vergangenen Jahrhunderts brachte Carlito Rocha aus Rio de Janeiro den Fußball-Aberglauben zu selten erreichter Blüte. Das Problem dabei: Er war Präsident des FC Botafogo … Gewann sein Verein, mussten vor dem nächsten Spiel alle Dinge, die vermeintlich zum Sieg beigetragen hatten, wiederholt werden. Und wenn Senhor Rocha »alle« sagte, meinte er das auch! So bereitete er selbst das Essen für die Spieler zu und säuberte sich danach die Hände in den Haaren des Spielers, der ihm am nächsten stand. Die Vorhänge im Klubhaus wurden zusammengeknotet. Die Abwehrspieler bekamen einen Zettel mit dem Namen ihres Gegenspielers in den Schuh. Da der Mannschaftsbus nicht rückwärts fahren durfte, der Fahrer aber einmal aus Versehen in eine Einbahnstraße abbog, mussten die Spieler zu Fuß ins Maracaná laufen. Nachdem in einer absurden Situation Botafogo ein Tor schoss, während der gegnerische Torwart einen Hund (!) festhielt statt den Ball, musste das Viech von da an zu jedem Spiel mitgebracht werden. Es wurde Biriba getauft und erhielt dieselben Vergünstigungen wie die Spieler. Da Botafogo tatsächlich immer besser spielte und 1948 Landesmeister von Rio de Janeiro wurde, gab es sogar Entführungsdrohungen gegen Biriba …

Die Nationalspieler Robert Huth (v.) und Per Mertesacker sind nur teilweise von »Klinsis« neuen Trainingsmethoden überzeugt

XVI. Fußball und die Medien

Ohne Zeitungen, Zeitschriften, Radio und Fernsehen ginge gar nichts. Wer will denn beim Fußball nur die nackten Ergebnisse haben? Boulevardblätter, allen voran die »Bild«, machen kräftig Stimmung, drücken Spieler in Mannschaftsaufstellungen oder sägen beharrlich Trainer ab. Spieler und Trainer müssen sich mit Journalisten arrangieren und ernten dafür Medienpräsenz, die mitunter bei den nächsten Gehaltsverhandlungen als Vorteil eingebracht werden kann. Noch einflussreicher ist das Fernsehen. Es bezahlt viel Geld für die Übertragungsrechte und möchte dafür auch bitte bestimmen, was es wann senden kann. Bei den Weltmeisterschaften 1970 in Mexiko wurden zum Beispiel die Anstoßzeiten in die Mittagshitze gelegt, damit das Spiel in Europa zur besten Sendezeit ausgestrahlt werden konnte.

Der Allgemeine Deutsche Sprachverein – Vom Mal zum Tor

1902 legte der Allgemeine Deutsche Sprachverein, das oberste Gremium für die Muttersprache, fest, wie die Deutschen zukünftig über den Fußball zu reden hatten. Sie veröffentlichten das Werk »Deutsche Ausdrücke für das Fußballspiel«, das von Karl Koch erarbeitet wurde, und baten die Fußballaktiven, »sich von den englischen Ausdrücken ganz frei zu machen.« Fortan sprach man von »Abseits«, »Linienrichter« (der inzwischen zum »Schiedsrichterassistenten« befördert wurde), vom »Abstoß« und vom »Tor«. Die andere vorgeschlagene Übersetzung für »Goal«, Mal, setzte sich nicht durch, ebenso wenig wie »Malwächter« für den heutigen »Torwart«, »treiben« für »Dribbel«, »Sprungstoß« für »Drop-kick« oder »Ungehörigkeit« für »Foul«. Klingt auch irgendwie viel zu harmlos.

Die DDR-Reporter – Erfinder der »Standardsituation«

Kaum einer der von DDR-Reportern verwendeten Begriffe hat die Wende überlebt. Da spielten sich die rechts- oder linksbeinigen Kicker »Dubletten« zu, bis einer eine »Ablage« gab, die zum Tor führte. Ein »Langpass« hatte die Aufgabe, das Spiel schneller zu machen. Das wurde dann zu einer schweren Aufgabe für die »Innen«- und die »Außendecker« des Gegners. Es gab »Passbälle« und sogar richtige »Glanzbälle«. Einen Konter hat keine Mannschaft jemals in der DDR gespielt. Hier nannte man das »schnelles Umkehrspiel«. Das einzige Wort, das die Wiedervereinigung überlebt hat, ist die »Standardsituation«. Diese war schon in den 70er Jahren in der DDR bekannt und drang erst Ende der 80er Jahre in das westdeutsche Spiel vor.

Goooooooool – Rebelo Júnior kriegt ’nen Schreikrampf

1927 wurde zum ersten Mal ein Fußballspiel live im Radio übertragen. Es handelte sich um das FA-Cup-Finale zwischen Cardiff City und Arsenal London (Endstand: 1:0). Seitdem gehört die Radioreportage und erst recht die Konferenzschaltung (erstmals am 21. September 1952, als der NWDR alle Spiele der Oberliga Nord übertrug) zum Samstagsritual der Daheimgebliebenen. Eine weitere Medienrevolution fand im Jahre 1942 statt. Da erfand der brasilianische Fußballkommentator Rebelo Júnior bei einer temperamentvollen Übertragung den lang gezogenen Jubelschrei mit den unendlich vielen »O«s. Dieser spontane Einfall wurde zum Markenzeichen der brasilianischen »Radialista« und gehört inzwischen zum Repertoire aller Kommentatoren in Südamerika und Südeuropa.

XVII. Krieg, Gewalt und Fußball – Waffengänge

»Einige Leute denken, Fußball sei eine Sache auf Leben und Tod. Ich mag diese Haltung nicht. Ich kann denen versichern, dass es viel ernster ist als das.« Das viel zitierte Bonmot von Liverpool-Manager Bill Shankly bringt es auf den Punkt. Das Fußballspiel von 22 Männern in kurzen Hosen wird mitunter zum existenziellen Drama. Man redet von Schlachtenbummlern, die zu Spielen ihrer Mannschaft in der Todesgruppe anrücken und für Bombenstimmung sorgen. Die Gegner kämpfen bis aufs Messer oder liefern einen Schlagabtausch. Da sind Flanken ungeschützt, Schützen schießen, und Abwehrleute legen auch gern mal jemanden um. Allzu oft sind die Wege zwischen Fußball und Politik kurz. Da muss wie im Fall Honduras ein Fußballspiel herhalten, um einen Grenzkonflikt zu lösen. Oder ein verlorener Krieg wird wie im Fall von Argentinien und England auf dem Platz noch einmal geradegerückt. Und manchmal ist das Kicken zwischen den Fronten ein Weg, im Krieg kurz einmal Luft zu holen.

Kicken im Schützengraben – die Westfront 1914

Eigentlich sollte der Große Krieg, der später der Erste Weltkrieg genannt wurde, an Weihnachten 1914 vorbei sein. Doch die Verbände aus Deutschland, Frankreich und England hatten sich an der Westfront tief eingegraben. Dann kam Weihnachten: Erste zaghafte Anrufe über den Stacheldraht, dann stiegen die Soldaten aus Sachsen, Schottland oder Paris aus den Unterständen aufeinander zu und tauschten Zigaretten und Essbares aus. Irgendjemand brachte einen Fußball mit, der zu der Standardausstattung englischer und deutscher Soldatenverbände gehörte. Wo es keinen gab, wurden eben Konservendosen zweckentfremdet. Pickelhauben wurden zu Torpfosten, und es entwickelte sich ein munterer Kick im tiefen Schlamm. Doch der Fußballfrieden währte nur kurz.

Bevor die Soldaten derart vergnügt auf die Idee hätten kommen können, einfach mit dem Krieg aufzuhören, machten die Kommandeure dem Ganzen ein Ende. Schon Anfang Januar 1915 ging das Gemetzel weiter.

El Salvador gegen Honduras – der »Fußball-Krieg«

Dieses Qualifikationsspiel für die WM 1970 ging in die Annalen ein. Schon seit Jahren hatte es politische Spannungen zwischen den verarmten mittelamerikanischen Nachbarstaaten gegeben. Seit langem waren Salvadorianer nach Honduras ausgewandert, weil es dort freies Farmland gab. Die Regierungen duldeten beides stillschweigend – bis 1968. Honduras untersagte Bürgern von El Salvador den Besitz von honduranischem Land. Vor diesem Hintergrund trafen beide Länder im Halbfinale der Mittelamerika-Qualifikation zur WM 1970 aufeinander. Das Hinspiel gewann Honduras 1:0, die Regierung nahm die folgenden Ausschreitungen zum Anlass, 300 000 Salvadorianer auszuweisen. Das Rückspiel gewann El Salvador mit 3:0, sodass ein Entscheidungsspiel im neutralen Mexiko ausgetragen werden musste – Endstand 3:2 n. V. für El Salvador. Fünf Tage später, am 4. Juli 1969, griff der Sieger (!) El Salvador mit drei Kampfflugzeugen und 12 000 Soldaten den Verlierer Honduras an. Der Hundert-Stunden-Krieg, erst Anfang August offiziell beigelegt, forderte 3 000 Tote und mehr als 6 000 Verletzte. Als wäre nichts geschehen, ging die Qualifikation übrigens weiter: El Salvador setzte sich auch gegen Haiti durch und schaffte den Sprung ins WM-Turnier.

1978: Waffenstillstand mit dem Folterregime

Die Vorbereitungen zu der Weltmeisterschaft in Argentinien 1978 wurden überschattet von einem Militärputsch, mit dem General Videla 1976 an die Macht kam. Fortan verschwanden Oppositionelle einfach vom Erdboden und tauchten bis heute nicht auf. Bei der folgenden Welle der Gewalt kam auch der argentinische WM-

OK-Chef durch ein Attentat der linken Guerilleros ums Leben. Kurz vor dem Turnier gab der Junta-Chef international Entwarnung: Ein Waffenstillstand sei für die Zeit des Turniers ausgehandelt worden. Alle Mannschaften könnten ohne Sicherheitsbedenken zum Turnier einreisen. Heute ist bekannt: Der Waffenstillstand war gar keiner: Die Truppen des Generals haben die Guerilla-Truppe effektiv »entwaffnet«; sie haben sie getötet. Und es klappte: Die Schweigemärsche der Mütter der Verschwundenen gingen im landesweiten Jubelgeschrei unter. Argentinien wurde mit einem 3:1 gegen die Niederlande erstmals Weltmeister. Und der deutsche Kapitän Berti Vogts konnte zufrieden feststellen: »Ich habe keinen einzigen politischen Gefangenen gesehen« …

Das Ende der Schwedenplatte – Halbfinale von Göteborg

»In der Nachkriegszeit haben wir für Euch noch Schwedenspeisung gemacht – und am anderen Morgen kommt Ihr schon mit großen Autos«, schrieb die schwedische Presse an die Adresse der Deutschen und beschwerte sich über die »härteste Mannschaft aller Zeiten«. Die Stimmung beim Halbfinale gegen Schweden war also richtig mies. Zwei deutsche Pressevertreter wurden schon im Stadion von schwedischen Zuschauern geohrfeigt, weil sie sich über gelungene Aktionen der Deutschen freuten. Nach dem Spiel jedoch eskalierte die Lage: Beim Reit- und Springturnier in Aachen wurden die aufgezogene schwedische Fahne heruntergerissen und schwedische Reifen zerstochen. Bei der Kieler Woche musste ein schwedischer Kinderchor beruhigt werden, der Rotz und Wasser heulte, weil er mit Pfuirufen begrüßt wurde. Deutsche Tankwarte hatten Bauchschmerzen, schwedische Autos zu betanken, weil sie den Boykott ihrer Stammkunden befürchteten. Auf Speisekarten in Hamburg wurden Gerichte wie Paprikagulasch und Schwedenplatte gestrichen. Und DFB-Präsident Peco Bauwens erklärte, so lange er etwas zu sagen habe, würde keine Mannschaft mehr gegen Schweden spielen. Was war geschehen? Nun, Deutschland verlor

1:3, und Erich Juskowiak wurde vom ungarischen Schiri Zsolt nach einem Revanchefoul an Hamrin vom Platz gestellt – der erste Platzverweis für einen deutschen Spieler seit 20 Jahren! Fritz Walter wurde übel zugerichtet und konnte die letzte Viertelstunde nur noch über den Platz humpeln. Doch der eigentliche Gegner waren die Zuschauer: Sie sorgten mit Lautsprechern und Einpeitschern für eine nie da gewesene Lärmkulisse aus »hejahejaheja«.

Der Sechstagekrieg 1967 und Ersatz-Olympia …

Vor der Einfahrt in den Suezkanal wurden die deutschen Frachter »Nordwind« und »Münsterland« auf dem Großen Bittersee von ägyptischen Lotsen gestoppt. Der Suezkanal war bis auf weiteres gesperrt. Gemeinsam mit den beiden Frachtern gefangen in der Wüstenhitze lagen ein Schiff aus den USA, vier englische, zwei schwedische, ein französischer, zwei polnische sowie je ein bulgarischer und ein tschechoslowakischer Frachter auf Reede. Die Multikulti-Flotte lag schon drei Monate fest, als einer der englischen Kapitäne vorschlug, den Club der 14 zu gründen. Für besondere Begeisterung inmitten der Wüsten-Einöde sorgte der Vorschlag eines der polnischen Kapitäne, doch einfach eine Art Alternativ-Olympiade unter den Besatzungen zu veranstalten, parallel zu den Spielen, die gerade in Mexiko stattfanden. Wettkämpfe in 14 Disziplinen auf allen Schiffen wurden vorbereitet, auf der britischen »Port Invercargill« das gesamte Deck mit Netzen abgehängt, damit dort das Fußballturnier stattfinden konnte. Als beste Mannschaft stellten sich die Tschechen heraus. Die »Münsterland« lief übrigens erst am 24. Mai 1975, nach acht Jahren, fünf Monaten und drei Tagen, wieder in den Hamburger Hafen ein.

Diktatoren unter sich – Mussolini und Mobutu

Der Duce war bombig stolz auf seine Weltmeister von 1934. Die gewannen zwar den Titel unter tätiger Mithilfe diverser Schiedsrichter und standen auch sonst unter dem Eindruck mehr oder minder deutlicher Todesandrohung. Aber es klappte. Sein »Kollege« Adolf Hitler, der mit Fußball nichts anfangen konnte, wollte da nicht zurückstehen und schaute sich bei den Olympischen Spielen 1936 ein Fußballspiel an. Leider unterlagen die Deutschen dem Außenseiter Norwegen 0:2. Beim Schlusspfiff allerdings war der GröFaZ allerdings schon gegangen und ließ fortan den Fußball links liegen. Mussolini jedoch setzte bei der WM 1938 in Frankreich noch mal nach und ließ seiner Mannschaft vor dem Finale gegen Ungarn deutliche Worte zukommen: »Siegen oder sterben« stand auf dem Telegramm und es wirkte. Italien gewann 4:2. 1974 führte Zaires Machthaber Mobutu diese schöne Tradition weiter: Er gab seiner Mannschaft, übrigens die erste schwarzafrikanische Nation, die es in eine WM-Endrunde schaffte, die unsterblichen Worte »Sieg oder Tod!« mit auf den Weg. Die »Leoparden« aus Zaire gingen mit 0:6 Punkten und 0:14 Toren, darunter ein 0:9 gegen Jugoslawien, kläglich unter.

13.5.1990: Roter Stern Belgrad – Dinamo Zagreb

An diesem Tag standen sich im Zagreber Gradski-Maksimir-Stadion die jugoslawischen Spitzenmannschaften Roter Stern Belgrad und Dinamo Zagreb gegenüber. Doch schon die Ausschreitungen vor dem Spiel machten deutlich: hier spielte Kroatien gegen Serbien. Auf beiden Seiten führten berüchtigte Fangruppen die Unruhen an: Der Berufskiller Zeljko Raznatovic, genannt »Arkan«, war Chef des berüchtigten Fanclubs »Deljie«, aus dem sich im Balkan-Krieg eine paramilitärische Truppe bildete. Auch die Mitglieder »Bad Blue Boys« aus Zagreb gingen in eine Killertruppe über. Neben den beiden Gruppen mischte auch die durchaus nicht neutrale Ordnungsmacht mit. Am Ende des Tages standen 150 Verletzte und unzählige Festgenommene zu Buche, darunter Zagrebs Stürmerstar Zvonimir Boban, der einem Polizisten auf den Kopf getreten hatte. Zeljko Raznatovic konnte nach dem Krieg sein Leben als reicher Geschäftsmann ungeschoren fortsetzen. 1996 kaufte er sich den Belgrader Zweitligaclub FK Obilic und führte den Verein, der gleichzeitig als Ausbildungslager für Freischärler diente, bis in die Qualifikation für die Champions League, wo Obilic Belgrad an Bayern München scheiterte. Als Raznatovic auf die Liste der gesuchten Kriegsverbrecher kam, disqualifizierte die UEFA seinen Verein. Im Januar 2000 wurde »Arkan«, der nie ohne ein ganze Truppe von Leibwächtern aus dem Haus ging, im Belgrader Hotel Interconti von fünf Attentätern erschossen. Er füllte gerade einen Totozettel für die Serie A aus …

Andrés Escobar – das tödliche Eigentor

Anfang der 90er galt die Mannschaft von Kolumbien als die kommende Fußballmacht in Südamerika. Der große Pelé persönlich verstieg sich zu der Annahme, dass Kolumbien Weltmeister werden könne. Auf dieser Welle der Euphorie fuhr die Mannschaft zur WM 1994 in die USA – und scheiterte kläglich. Unter anderem durch ein Eigentor im Spiel gegen Gastgeber USA des Andrés Escobar. Wenige Tage später wurde er, einer der besten kolumbianischen Abwehrspieler aller Zeiten, vor einem Nachtclub in Medellin erschossen. »Danke für das Eigentor, Andrés«, sollen die Attentäter nach Aussagen von Augenzeugen noch gerufen haben. Der Hintergrund: Das kolumbianische Drogenkartell, das bereits seit Jahren seine Finger auch im Wettgeschäft hatte, verlor durch das Eigentor Escobars – übrigens das einzige, das er je geschossen hatte – einen Haufen Geld: 19:1 lautete die Quote für einen Sieg der USA gegen Kolumbien. Nachzutragen wäre, dass die irische Nationalmannschaft und ihre Fans während des Turniers und daheim in Irland Geld sammelten für die Familie Escobar. Und dass Andrés Escobar ein Staatsbegräbnis erhielt.

Die »Mutter aller Spiele« – USA gegen Iran 1998

Bei der WM 1998 in Frankreich kam es in Lyon zu einer brisanten Begegnung: Die USA trafen in der Gruppe F auf den Iran. Und der amerikanische Verbandssekretär Hank Steinbrecher stilisierte das Spiel auch gleich zur »Mutter aller Spiele« hoch – in Anlehnung an die »Mutter aller Schlachten«, die der irakische Diktator Saddam Hussein im ersten Golfkrieg gegen die USA ausgerufen hatte. Glücklicherweise hielten sich die Spieler auf beiden Seiten zurück. Vor dem Anpfiff übergaben die iranischen Spieler den leicht verdutzten Amerikanern weiße Rosen und gewannen das Spiel dann 2:1. Zur Siegprämie gehörte eine Einladung zur Pilgerfahrt nach Mekka. Das Fernsehen in Teheran zeigte das Spiel um zehn Sekunden zeitversetzt. Damit konnte die Regie Szenen aussortieren, die der politischen Moral im heimischen Land hätten schädlich sein können. Dazu gehörten Aufnahmen von Regimegegnern im Stadion oder leicht bekleidete Frauen auf den Rängen.

Palästina – Nationalmannschaft ohne Land

Seit 1996 ist der palästinensische Fußballverband Mitglied der FIFA und – im Gegensatz zu Israel, das in der UEFA ist – dem asiatischen Fußballverband AFC angeschlossen. Seitdem nimmt Palästina fleißig an internationalen Wettbewerben teil – unter den größtmöglichen Schwierigkeiten: Spätestens seit der Intifada 2000 findet man auf den verstreut liegenden Palästinensergebieten keinen einzigen sicheren Fußballplatz mehr, sodass dank großzügiger Geldspritzen eines kuwaitischen Geschäftsmannes das Trainingscamp im ägyptischen Ismailia aufgeschlagen werden konnte. Die Heimspiele trägt Palästina auf neutralem Boden in Katars Hauptstadt Doha aus. Das bedeutet für die Mannschaft, die aus Palästinensern von der West Bank und dem Gazastreifen sowie Exil-Spielern u. a. aus Kolumbien, Griechenland und dem Libanon zusammengesetzt ist, eine rege Reisetätigkeit. Bei der Qualifikation zum WM-Turnier 2006 ließ sich für Palästina alles gut an. Die Mannen gewannen unter ihrem österreichischen Trainer Alfred Riedl die ersten Spiele, deklassierten Taiwan mit einem deutlichen 8:0. Doch dann schlug die politische Realität zu: Mehrere Spieler wurden wochenlang von israelischen Grenzsoldaten an der Ausreise gehindert, sodass die FIFA mehrmals intervenieren musste. Palästina verlor und hat nun keine Chance mehr auf die Teilnahme bei der WM in Deutschland. Auch der völlig entnervte Coach wurde abgelöst. Seit Januar 2005 hat der Israeli Azmi Nassar das Zepter übernommen. Auch er brauchte eine Sondergenehmigung der israelischen Behörden, nur um zur Vertragsunterzeichnung in den besetzten Gazastreifen reisen zu dürfen.

XVIII. Der Ball ist rund? Von wegen! – Die Anfänge mit der Schweinsblase

Sergio Zarate, Argentinier und einst »Zaubermaus« beim 1. FC Nürnberg und dem Hamburger SV, hielt den Fußball schlicht für die wichtigste Erfindung des Menschen. Und die Menschheit zeigte erstaunliche Kreativität, wenn es darum ging, womit man buffen kann. Es war ein weiter Weg von den antiken Lederhüllen, die mit Federn gefüllt waren, zu den heutigen High-Tech-Wundern, die jeder Sportartikelhersteller alljährlich im neuen Design auf den Markt bringt. Schließlich hätten nur ein Alfredo Di Stefano oder ein Ronaldinho all die fußballerischen Kunststücke mit zusammengewickelten Lumpen machen können. In Brasilien heißt der Ball liebevoll Gorduchinha, kleine Dicke. Und vor dem Wohnhaus von Jahrhundertspieler Alfredo Di Stefano dankt eine Statue einem Ball aus Bronze mit der Aufschrift: »Danke, Süße!«. Wie wichtig so ein Ball ist, zeigte schon der Streit beim ersten WM-Endspiel 1930 zwischen Uruguay und Argentinien: Die Gauchos brachten ihren eigenen Ball mit. Die Urus bestanden auf ihrem gewohnten englischen Lederball und hatten als Gastgeber ohnehin das ungeschriebene Recht, den Ball zu stellen. Der belgische Schiedsrichter Langenus fand eine Lösung: In der ersten Hälfte wurde mit dem argentinischen Ball gespielt (die Gäste führten 2:1), danach mit dem uruguayischen (und die Gastgeber siegten 4:2).

Erste Spielgeräte: Pampelmusen, Känguru-Hoden und Schweinsblasen

Die Aborigines im fernen Australien spielten mit ausgestopften Hodensäcken von Kängurus. Die Fidschianer unweit davon kickten mit ausgehöhlten Grapefruit. Die Inuit spielten mit Bällen aus Robbenleder, die sie mit Moos oder Fellbüscheln füllten. Die Azteken spielten – schon lange vor dem Eintreffen der Spanier – mit Kugeln aus Rohgummi, auch wenn Berichte nahe legen, dass sie es weniger mit den Füßen taten als mit der Hüfte. Auf Hawaii hieß der Ball Popo und bestand aus gewickelten Blättern und Lumpen. Und die Chinesen – wie nach ihnen die Japaner – füllten Hirschledersäcke mit Federn. Eines wird deutlich: Von Anfang an wurde mit allem gespielt, was nur irgendwie rollen wollte …

»Medizinbälle« – Harte Zeiten für die Zehen

1871 legte die englische FA fest, dass kein Spieler mehr die Hand benutzen durfte – mit Ausnahme des Torwarts. Grundvoraussetzung dafür war natürlich, dass der Ball überhaupt zu fangen war! Noch bis in die 90er Jahre des 19. Jahrhunderts waren die Bälle nämlich nicht hohl, sondern massiv wie heutzutage ein Medizinball. Und da war die Hand ein beliebtes Hilfsmittel, um den Ball zu stoppen – den Fuß würde man sich da eher verletzen. Je leichter der Ball wurde, desto mehr galt: Ein Schuss bringt den Ball weiter als ein Wurf. Das war die Geburtsstunde des echten »Fuß«-Balls …

Der Schnürball – Grund für heftige Kopfschmerzen

Der DFB brachte es im Jahr 1900 in seinem Regelwerk noch einmal auf den Punkt: »Es ist auch erlaubt, mit dem Rumpfe, dem Oberschenkel oder dem Kopfe zurückzustoßen. Letzterer Stoß sollte jedoch nur mit einiger Vorsicht angewandt werden.« Warum das? Ganz klar: Bis zur WM 1938 in Frankreich waren Kopfbälle für die Spieler wahrlich kein Zuckerschlecken. Der Ball wurde mit Schnüren zusammengehalten und blieb so in Form, also rund. Für Stürmer mit Drang zum Einnicken wie für kopfballstarke Abwehrspieler also durchaus eine schmerzhafte Angelegenheit. Erst die Erfindung einer Gummiblase mit Ventil durch die argentinischen Tüftler Tossolini, Polo und Valbonesi machte dem ein Ende.

Alles aus Leder – bis 1982

1906 bestimmte die FIFA, dass nur mit einem Lederball gespielt werden durfte. Bei Regen eine unangenehme Angelegenheit: Trotz Einfetten oder -wachsen zog das Leder Wasser und wurde im Laufe der Zeit immer schwerer und unförmiger. Dieser reine Lederball namens Tango kam zuletzt 1982 bei der WM in Spanien zum Einsatz. Heute ist jeder Ball dank der verwendeten Materialien Wasser abweisend: Mehrschichtige Folien aus Polyester und Polyäthylen, veredelt durch Kügelchen, die die elastischen Eigenschaften des Balles noch weiter verbessern, halten das Rund schön trocken. Damit der Ball auch wirklich rund wird, wird er zu guter Letzt noch in eine Rundungsmaschine gelegt. Denn da sind die Ballkünstler sehr eigen: Beschwerten sie sich doch über den Ball mit dem schönen Namen Fevernova zur WM 2002, der aufgrund seines extravaganten Designs mit angeblich optischer »Flatterhaftigkeit« die Torleute zum Wahnsinn brachte.

Das Design bestimmt das Bewusstsein – Ballmoden

Jedes Jahr werden rund 40 Mio. Fußbälle hergestellt, mehr als drei Viertel davon in Pakistan. Jede Saison hat dabei ihre neue Mode – bzw. soll sie nach Wunsch der Hersteller haben. Bis 1950 war der Ball einfach naturbraun. Dann wurde er weiß. Zur WM 1966 brachte man ein »modernes« braun-orange auf den Markt. Bei der WM 1970 hatte er seinen ersten Auftritt: der Ball mit den Fünf- und Sechsecken. Der schicke *Telstar*, den es in drei Ausgaben gab – weiß für Flutlichtspiele, schwarz-weiß für Spiele bei Tageslicht und braun für trockene, harte Spielfelder –, war gleichzeitig der erste offizielle Ball einer Fußball-Weltmeisterschaft. Zuvor hatte immer der Gastgeber den Ball gestellt. Der *Azteca* verschönte die WM 1986 und galt als Revolution in der Fuß-Balltechnik: Er bestand vollständig aus Kunststoff und blieb somit immer gleich schwer und spielbar. Ganz ohne Naht kam der *Roteiro* daher, der für die EM

2004 in Portugal entwickelt wurde. Er wurde komplett geklebt und konnte nicht mehr platzen.

Geklaut – der wohl teuerste Ball aller Zeiten

Zur Erinnerung: Fußball-WM 1966. Deutschland verliert das Finale gegen England mit 2:4 n. V. Helmut Haller nimmt sich nach dem Schlusspfiff den Ball und gibt ihn nicht wieder her. Erst dreißig Jahre später – inzwischen wird in England die EM 1996 ausgetragen – erinnert sich Geoff Hurst des historischen Balles, der eigentlich ihm als Schütze eines Hattricks im Finale zugestanden hätte: »Wir wollen unseren Ball wiederhaben!« Diverse britische Boulevard-Zeitungen boten und baten, drohten und bettelten. Den Zuschlag bekam der *Daily Mirror*. Für 240.000 Mark kehrte der orangefarbene Ball zurück ins Mutterland des Fußballs. Das Geld hat Helmut Haller natürlich gespendet.

Ein Chip im Ball – Tor per Rechner?

Tor oder nicht? Eine strittige Frage, deren Antwort manchen Unparteiischen unglaublich unbeliebt machen kann. Die Regel schreibt bekanntlich vor, dass der Ball die Torlinie vollständig überschritten haben muss. Strittige Szenen wie beim Wembley-Tor 1966 dürften ab 2006 zur Vergangenheit gehören: In Erlangen wurde ein Miniatursender entwickelt, der solche Diskussionen überflüssig machen könnte. Dieser Chip im Ball sendet ein Signal an bis zu zehn Empfangsstationen am Spielfeldrand, die ihrerseits im Stadion installiert – z. B. im Dach – Daten an einen Zentralrechner schicken. Dieser ermittelt dann in Sekundenschnelle die jeweilige Position des Balls. Der Schiedsrichter empfängt über eine Art Armbanduhr die Information, ob der Ball im vollen Umfang hinter der Torlinie war oder eben nicht. Ein kleines Problem allerdings bleibt bei all dem High-Tech-Schmu: Der Chip im Ball muss extremen Beschleunigungen standhalten: von 0 bis zu 140 km/h. Ob das klappt? Schau'n mer mal …

XIX. Triste Stunden ohne Fußball: Absagen, Abbrüche, Spielverzögerungen

Nebel, Flaschenwürfe oder gebrochene Pfosten – die Gründe für Spielabsagen oder -unterbrechungen waren zahlreich und oft auch unerfreulich. Das Schlimmste für den Fan in solchen Momenten ist natürlich, dass der Ball nicht mehr rollen kann – quälende Minuten oder Stunden, in denen die Absurdität des (fußballfreien) Daseins ihre volle Wucht entfaltet ...

Sieben Minuten Fußball? 30 000 Zuschauer wollten dabei sein

Sechs Minuten und 40 Sekunden waren offiziell noch zu spielen in der Partie der spanischen Primiera Division zwischen Real Madrid und Real San Sebastian. Doch es dauerte etwas länger als umgerechnet 400 Sekunden, bis der Schiedsrichter schließlich abpfiff – es waren gut vier Wochen! Am 12. Dezember 2004 unterbrach der Unparteiische wegen einer falschen Bombendrohung das Spiel im Estadio Santiago Bernabeu beim Stand von 1:1. Am 5. Januar 2005 wurde die verbleibende Spielzeit nachgeholt – vor 30 000 Zuschauern (die allerdings freien Eintritt hatten) und live im Pay-TV (das gratis übertrug). Und tatsächlich passierte noch etwas: Nach einem Foul von Mikel Labaka an Real-Stürmer Ronaldo verwandelte Zinedine Zidane den fälligen Elfmeter in der Nachspielzeit zum 2:1-Siegtreffer für die Königlichen.

Franz Behr oder: Die Mutter aller Spielverzögerungen

Das erste Endspiel um die Deutsche Meisterschaft im Jahr 1903 – auf der Exerzierweide in Hamburg-Altona trafen der VfB Leipzig und der DFC Prag aufeinander – hätte beinahe gar nicht stattgefunden. Franz Behr, Organisator, Schiedsrichter, Platzwart und Kassierer des Finales in Personalunion, hatte vor lauter Aufregung ein klitzekleines Detail vergessen: den Ball ... Der Mann, der mit Altona 93 im Halbfinale noch selbst gegen den VfB Leipzig gespielt hatte, ließ sich jedoch nicht aus der Ruhe bringen und machte sich auf die Suche nach einem geeigneten Leder. Einer der 2000 Zuschauer hatte ein Spielgerät aufgetrieben. Doch Pech – da war die Luft raus. So mussten schließlich die Spieler beider Mannschaften die Pille abwechselnd mit dem Mund aufpumpen, die Partie begann mit einer Dreiviertelstunde Verspätung. Für die Prager war das Finale übrigens das erste und zugleich letzte Saisonspiel: An der Prager Meisterschaft hatte der DFC (=Deutscher Fußball Club) gar nicht teilgenommen, war aber zur Endrunde zugelassen worden, weil drei Prager Teams punktgleich an der Spitze der Tabelle waren und man sich auf keines einigen konnte. Im Viertelfinale bekamen die Prager ein Freilos, im Halbfinale trat der Gegner nicht an … Gegen den VfB Leipzig war der DFC dann nicht in Bestform, ein Reeperbahnbummel soll der Grund gewesen sein für die deftige 2:7-Schlappe …

Einmal auf Holz klopfen, bitte: der Torbruch-Klassiker

Stürmer Herbert Laumen mag bekannt sein für 121 Tore, die er in der Bundesliga geschossen hat – berühmt ist er für das eine Tor, das er kaputtgemacht hat. 1971 im Spiel zwischen Borussia Mönchengladbach und dem SV Werder Bremen: Zwei Minuten vor Schluss – Zwischenstand 1:1 – rutschte Laumen bei einer Mönchengladbacher Ecke am Ball vorbei ins Bremer Tornetz. Prompt brach der Holzpfosten. Große Ratlosigkeit! Spieler und aufs Feld gestürmte Fans versuchten, das morsche Gebälk wieder aufzurichten – vergeblich. Immer wieder sank das Werk in sich zusammen. Nach zwölf Minuten Tor-Huwabohu brach Schiedsrichter Meuser, der übrigens die Austauschteile für ein Ersatztor nicht überprüft hatte, das Spiel ab. Der DFB wertete das Spiel mit 2:0 für die Gäste aus Bremen.

Die Volkszählung 1987 oder: Eine Botschaft des Bundespräsidenten auf dem Rasen

Nicht immer kommt es bei Hindernissen zum befürchteten fußballlosen Tag. 1987 vermieden die Verantwortlichen von Borussia Dortmund mit einer findigen Idee eine Spielabsage. Das war passiert: Gegner der drohenden Volkszählung wollten ihren Protest über die Fernsehbilder eines Bundesligaspiels Millionen Menschen zeigen. In der Nacht vor der Partie zwischen Borussia Dortmund und dem Hamburger SV schrieben sie mit Farbe klar und deutlich auf das Spielfeld: »Boykottiert und sabotiert die Volkszählung«. Um die Partie dennoch durchführen zu können, ergänzten die schlauen BVBler unwesentlich: »Der Bundespräsident: Boykottiert und sabotiert die Volkszählung nicht« …

Das »unvollendete Spiel«: Österreich gegen Griechenland 1967 und zwei fehlende Minuten

Abgebrochene Länderspiele sind keine Seltenheit – dann wird die restliche Spielzeit eben nachgeholt. Eine Partie der Fußballgeschichte harrt allerdings immer noch ihrer Beendigung: In der Qualifikation für die Europameisterschaft 1968 trafen Österreich und Griechenland aufeinander. Die Gäste traten und schlugen dabei alles, was ihnen vor die Fäuste und Füße kam – inklusive eines Betreuers der österreichischen Mannschaft. Zwei Minuten vor dem Ende des »Spiels« – nach Toren stand es 1:1, nach schmerzhaften »Treffern« eher 0:20 – stürmten schließlich österreichische Zuschauer auf den Platz, um ihren Spielern zu Hilfe zu kommen. Schiedsrichter Gere aus Ungarn pfiff ab. Die verbleibenden zwei Minuten wurden nie nachgeholt, obwohl es ein offizielles UEFA-Match war. Kein Wunder, beide Länder waren nicht mehr besonders motiviert und außerdem auch bereits aus der EM ausgeschieden …

»Das Tor fiel in der nullten Minute« – Hämmern und Klopfen bei Real Madrid

Das Champions-League-Halbfinale zwischen Real Madrid und Borussia Dortmund am 1. April 1998 – kein schlechter Scherz: Die spanischen Fans hatten kurz vor Anpfiff der Partie eines der dem Zaun verbundenen Tore umgerissen – olé. Die Real-Funktionäre hämmerten und klopften und schraubten – aber das verfluchte Ding hielt einfach nicht mehr! Ein Ersatztor? Gab's nicht. Also wurde ein neues besorgt, vom Real-Trainingsgelände, per Tieflader durch den Stau der spanischen Hauptstadt ... Die eineinviertel Stunden Spielverzögerung gingen als Highlight der Sportberichterstattung in die Geschichte ein: Die RTL-Moderatoren Marcel Reif und Günther Jauch feixten sich einen (»Ein frühes Tor würde dem Spiel gut tun«, »Im übrigen ist gleich Halbzeit, zumindest nach meiner Uhr ...«) und sorgten für eine selten hohe Quote. Die Zuschauer schalteten erst ab, als das Spiel (Ergebnis: 2:0 für Real Madrid) begann ...

Heimwerkerkurs auf Spanisch: Die Funktionäre und Betreuer von Real Madrid versuchen verzweifelt, das umgefallene Tor wieder aufzustellen

XX. Merchandising – Vom Wimpel bis zum ganzen Haus ...

Es gibt Wimpel, Fahnen, Trikots und Kaffeebecher. Dazu Zahnbürsten, Schnuller, Handtücher, ja sogar Bierflaschen-Kühler (aus Neopren, versteht sich ...). Mal mit Vereinsemblem, mal mit dem Schriftzug des jeweiligen Sponsors. Der arbeitet Hand in Hand mit seinem Verein, so z. B. in Glasgow, wo eine Bierfirma kurzerhand beide Lokalrivalen unterstützt, um nicht bei den gegnerischen Fans in Ungnade zu fallen, sondern gleich den doppelten Umsatz zu machen. Im rauen Alltag der Vereinsoberen und Verbandsfunktionäre geht es vor allem um eines: Geld. Und dafür lassen sie und die von ihnen angeheuerten Werbeleute sich einiges einfallen. Hier ein paar erinnerungswürdige Beispiele:

Sammelbildchen – Panini & Co.

Die im schweizerischen Fribourg beheimatete Firma Bergmann hatte es vorgemacht: Ab der Bundesliga-Saison 1965/66 brachte sie Sammelalben und die dazugehörigen Bildchen auf den Markt. Unter Sammlern gilt immer noch das WM-Album 1974 als das Nonplusultra: Es enthielt alle Spieler der 16 teilnehmenden Teams sowie Porträtfotos aller deutschen TV-Moderatoren. Auch der italienische Konkurrent Panini nutzte das Turnier, um auf den deutschen Markt vorzustoßen. Das von den Brüdern Giuseppe und Benito Panini gegründete Klebebildchen-Imperium lebt bis heute von der von Umberto Panini erfundenen Packmaschine »Fifimatic«. Die sorgt dafür, dass die Bildchen, von denen angeblich immer die gleiche Stückzahl gedruckt wurde, garantiert nie so sortiert werden, dass es mit rechten Dingen zugeht. Dem Erfolg tat das keinen Abbruch: Inzwischen produziert Panini geschätzte 30 Milliarden Sammelbildchen in mehr als 100 Ländern. Auf dem allerersten Panini-Sammelbild aus dem Jahr 1961 prangte übrigens ein Foto von Inter-Kapitän Bruno Bolchi.

»Auf diese Steine können Sie bauen« – Manchester United

Wer träumt nicht von einer Garage, auf der das Emblem des geliebten Vereins prangt, für die ganze Straße sichtbar? Fans von Manchester United können gleich in die Vollen gehen und sich quasi jeden Stein, jeden Lichtschalter, jede Badezimmerfliese über ihren geliebten Verein besorgen. Die Marketingabteilung bietet Fans den ultimativen ManU-Baukredit für wahre »Vereins«-Heime an – sozusagen ein Eigenheim der Champions League. Natürlich fehlt in den Verträgen nicht der dezente Hinweis, dass das fertige Haus baldigst ent- und übereignet wird, sollten die Beträge nicht rechtzeitig eingehen. Doch auch der kleine Anleger mit dem mageren Sparschwein wird von Manchester United nicht vergessen. Ihm bietet der Verein ein ManU-Sparkonto an – mit dem schönen Versprechen, das Geld läge dort ganz sicher und käme dem Verein zugute ... Ein Eigenheim im Supporter-Outfit gibt es auch in Deutschland: das offizielle FC Bayern München Fan-Haus.

Herbe Duftnoten – Smells like Halbzeit

Natürlich hat jeder Club, der etwas auf sich hält, ein oder zwei wohlriechende Parfüms in der Fanshop-Kollektion. Leider haben die nur selten etwas mit Fußball zu tun. Eine – unabhängige – englische Firma stößt in die Marktlücke und bietet den absoluten Knaller, das olfaktorische Erlebnis für den echten Fan: den Duft eines Fußballsamstags. Die Note »Spielfeld« soll erdig riechen. »Halbzeit« verbreitet den Duft der Wurstgrills, Frikadellen und Pommes in einem Stadion. Weniger gefragt dürfte die Note »Kabine« sein: Wie sie riecht, möchte man vielleicht auch gar nicht wissen. Und für den Fan der ewigen Tabellenmittelfeld-Mannschaften bietet die Firma ein besonderes Erlebnis: Mit »Pokalvitrine« kann man am würdigen Aroma teurer Holzpolitur teilhaben. Die englische Firma hatte mit Sonderanfertigungen für Museen begonnen. Ihr größter Verkaufserfolg bisher war »Flatulenz«, das – hoffentlich – einmalige Erlebnis einer randvollen Latrine.

Trikots, Mützen, Badetücher – Highlights aus Fanshops

Die Vereine lassen nichts aus, um den Fan jede Saison aufs Neue zu ködern. Und dabei lassen wir die regelmäßig in neuen Farben und Designs auftretenden Heim- und Auswärtstrikots mal außer Acht. Spätestens im nächsten Jahr liegen die für ein Drittel des ursprünglichen Preises auf der Resterampe. Von solch läppischen Artikeln haben sich die meisten Fanshops längst entfernt. Stattdessen gibt es für schwärmende Teenies Starschnitte der Boygroup-Kicker, der jüngere Nachwuchs bekommt Kinder-Regenponchos und Lätzchen in den Vereinsfarben (Bayer Leverkusen). Für den Partykeller lohnt sich die Anschaffung eines Stadionbildes mit Hintergrundbeleuchtung, der Satz Biergläser mit Vereinswappen (Werder Bremen und Bayern München) oder gleich die ganze Anzeigentafel (FC St. Pauli). Für das gemütliche Wohnzimmer empfehlen wir die Tagesdecke (Inter), den Teppich oder das fluffige Sitzkissen mit der Rückennummer hinten drauf (FC Liverpool). Für ganz Harte gibt es die Vereinstapete (Arsenal) und die Platzdeckchen (AC Milan). Und wenn die Füße beim Stadionbesuch kalt geworden sind, kann man sie zur Sportschau in die flauschigen Vereinspuschen stecken (Lyon).

Turnier-Maskottchen – Bulldogge, Apfelsine und psychedelische Atomteilchen

Die vielleicht absurdeste Erfindung zur Beschaffung von Geld dürften die lustigen Maskottchen sein, die seit der WM 1966 bei jedem Turnier ihr Unwesen treiben. Sie sind zumeist irgendeinem Klischee über das Gastgeberland entsprungen und sorgen auf Bechern, T-Shirts oder Postern für ordentlich Umsatz. Willie repräsentierte 1966 als einer der berühmten Three Lions das Gastgeberland England. Sein Kollege Goaliath trat zur EM 1996 an. Der knuffige Mexikanerjunge Juanito wachte über die WM 1970, er wechselte sogar Land und Trikot und trat 1978 quasi inkognito noch einmal als argentinischer Gauchito auf. Tip & Tap, der große Blonde und der kleine Dunkle, die sich debil grinsend aneinanderschmiegen, schmückten deutsche Kissenbezüge zur WM 1974. Die Spanier erwiesen sich vier Jahre später als geradezu originell: Sie drückten einer Apfelsine mit Kulleraugen und Fußballtretern einen Ball in die Hand und nannten sie Naranjito. »Ciao« grüßte das Maskottchen der WM 1990 in Italien. Das Lego-Männchen, das eher aussah wie ein rot-weißer Zollstock mit einem (Überraschung!) Fußball als Kopf, stellte all seine Vorgänger in den Schatten: Wer mit ihm werben wollte, musste stolze 300.000 DM blechen. In den USA 1994 jagte ein listiger Beagle namens Striker den Ball – eine willkommene Variation von Bobby, der gutmütigen Bulldogge, die die englische Nationalmannschaft bei der WM 1982 begleitete. Der gallische Footix von 1998 hingegen glich eher einem gestenreichen Schiedsrichter. Den Vogel aber schossen bisher Ato, Nik und Kaz ab: Die drei zipfeligen Geschöpfe aus Asien sollten die Energieteilchen in der Atmosphäre darstellen.

Werbung – Haarteile, Fertighäuser und Viagra

Als erste Mannschaft der Welt führte Penarol Montevideo in den 50ern die Werbung auf dem Trikot ein. Nur Spieler Obdulio Varela weigerte sich mit den Worten: »Früher hat man uns Neger an einem Ring in der Nase vorgeführt. Das ist vorbei!« Für ihn wars das tatsächlich: Er wurde gefeuert. Doch schon vor den Clubs haben sich Spieler ein mitunter erkleckliches Zubrot verdient. Helden wie Richard Hofmann und Tull Harder warben für die Manoli Sportzigarette »Abseits«. Beckenbauer begann mit Tüten-Nudelsuppe und wirbt inzwischen für Autos, Mobiltelefonunternehmen, Bier und Adidas und andere Sponsoren, die mitunter auch mal Konkurrenzunternehmen seines FC Bayern sein können. Helmut Schön warb für grundsolide Fertighäuser, Ferrari-Liebhaber Günther Netzer für einen Ölkonzern. Berti Vogts wollte eigentlich ein Haarteil anpreisen, wurde aber dann von seiner Gattin zur Ordnung gerufen. Oliver Bierhoff wurde noch mal schnell zur Shampoo-Ikone und verschwand dann – wie die gesamte Rumpelfüßler-Mannschaft – im Werbeorkus. Furore machte Pelé: Er wurde vom Pharmakonzern Fizer angeheuert und legte seinen Geschlechtsgenossen die blaue Potenzpille ans Herz.

Sponsoren – Wes' Brot ich ess, des' Lied ich sing

Natürlich: Ohne Geldgeber ging noch nie etwas im Fußball. Schon Manchester United, dessen Wurzeln auf Eisenbahner zurückgehen, wäre ohne die Geldspritze des Brauereibesitzers John Henry Davies 1902 sang- und klanglos in der Versenkung verschwunden. Doch bis zur heutigen »VELTINS-Arena« sollte es noch ein weiter Weg werden. Seit Jürgen Mast 1973 seinen »Jägermeister« auf der Brust der Spieler von Eintracht Braunschweig unterbrachte, hat sich viel getan. Bayer Leverkusen und bis 1995 auch Bayer Uerdingen, aber auch der Zweitligist LR Ahlen haben ihren Sponsor gar im Namen: Zwar steht LR formal für Leichtathletik Rasensport, doch ohne den Kosmetikkonzern LR Internationale und das Geld von Vereinsboss Helmut Spikker würde der Verein mit großer Sicherheit nur in der vierten Liga kicken. Die enge Verbindung der Spvgg. Greuther Fürth und der Spielzeugmarke Playmobil schlägt sich in der Umbenennung des traditionsreichen Stadions am Ronhof nieder. Und es gab sogar eine Zeit, als der DFB die Werbung an Mann und Bande durchaus unter höheren Gesichtspunkten bewertete: Der FC Homburg wollte in der zweiten Bundesliga-Saison 1987/88 für einen Kondomhersteller werben. »Verstoß gegen Ethik und Moral im Sport« befand der DFB und verweigerte die Genehmigung.

XXI. »Doppelte Staatsbürgerschaft«: Ein Land allein ist zu wenig

Die Zeiten, in denen ein Profifußballer seine Karriere bei nur einem einzigen Verein absolvierte, sind lange vorbei. Berühmte Gegenbeispiele sind immer noch »Charly« Körbel, der alle seine 602 Bundesligaspiele für Eintracht Frankfurt absolvierte, und Paolo Maldini, der bisher 569-mal für den AC Milan in der Serie A auflief. Von Beginn der Fußballgeschichte an gab es allerdings auch Spieler, die nicht nur Vereine, sondern ebenso Nationalmannschaften »sammelten«. Ladislaus Kubala ist in dieser Hinsicht der »Großvater aller Fahnenflüchtigen«. Geboren in Budapest, machte der Stürmerstar der 50er Jahre drei Länderspiele für seine Heimat Nummer eins (Ungarn), sechs Länderspiele für seine Heimat Nummer zwei (Tschechoslowakei) und 19 für seine Heimat Nummer drei (Spanien). Anders bei Ulf Kirsten. Hier spielte nicht das Portmonee, sondern die Politik Schicksal. Nach 49 Länderspielen für die DDR-Auswahl trat der Ex-Dresdener und Neu-Leverkusener noch 51-mal für das wiedervereinigte Deutschland an. Nicht immer verlief es mit dem Länderwechsel so glatt, wie folgende Beispiele zeigen.

Der Engländer Stan Mortensen: Länderspieldebüt *gegen* England

Im Jahr 1943 machte Stanley Mortensen sein erstes von insgesamt 26 Länderspielen. Beim 8:3 gegen die Mannschaft aus Wales kam der Spieler vom FC Blackpool nach der Pause zum Einsatz. Allerdings zog Stan sich nicht etwa das englische Trikot über. Weil sich ein walisischer Spieler verletzt hatte und in der zweiten Halbzeit nicht mehr würde auflaufen können (Einwechselspieler waren damals nicht erlaubt), einigten sich beide Mannschaften darauf, dass Mortensen für den Gegner spielen sollte. Der Engländer im Länderspieldebüt ausgerechnet gegen England! Übrigens: Sowohl England als auch Wales haben Stan Mortensen dieses Spiel nicht anerkannt: Laut der offiziellen Statistiken machte er nur 25 Länderspiele für England und keines für Wales …

Luis Fernando Monti – der bekannteste »Oriundi«

Pelé war als einziger Fußballer der Geschichte dreimal Weltmeister (1958, 1962, 1970), sein Landsmann Cafu war als einziger Spieler dreimal in Folge in einem WM-Finale (1994, 1998, 2002) – Rekorde für die Ewigkeit. Warum gehört der gebürtige Argentinier Luis Monti in diese Ahnenreihe? Ganz einfach: Er war zweimal hintereinander in einem Endspiel der Weltmeisterschaft – aber für verschiedene Länder: 1930 unterlag der berühmte Treter mit seinem Heimatland Argentinien 2:4 im Endspiel gegen Gastgeber Uruguay. 1931 wechselte Luisito von den Boca Juniors Buenos Aires zu Juventus Turin und spielte als »Oriundi« (d. h. als Argentinier italienischer Abstammung) fortan für die italienische Nationalmannschaft. 1934 stand der inzwischen Luigi genannte Abwehrrecke in der Mannschaft, die die Tschechoslowakei 2:1 n. V. bezwang. Übrigens: Nach den damaligen – und heutigen – Regeln hätte Monti gar nicht für Italien spielen dürfen. Der WM-Titel für Italien 1934 müsste eigentlich aberkannt werden …

Länderspieldebüt mit 35? Die Geschichte des Karl Sesta

Beim 5:1-Sieg der deutschen Nationalmannschaft 1941 gegen Kroatien machte Karl Sesta sein erstes Spiel mit dem Adler auf der Brust. Bemerkenswert daran: Der Abwehrspieler war zu diesem Zeitpunkt bereits 35 Jahre alt und ist damit der älteste Debütant Deutschlands aller Zeiten. »Debütant« ist allerdings übertrieben, denn Sesta war kein spät Berufener – ganz im Gegenteil. Seit 1932 hatte er bereits Länderspiele für Österreich absolviert und u. a. bei der WM 1934 Platz vier für die Alpenländer geholt. Doch nach dem »Anschluss« Österreichs, der Selbstauflösung des österreichischen Verbandes und der Aufnahme der Vereine als »Gau Ostmark« in den DFB war der Mann von Austria Wien plötzlich Deutscher. Insgesamt dreimal trat er für Sepp Herbergers Team an (erneut beim 2:0-Sieg gegen Kroatien und der 1:2-Niederlage gegen die Schweiz 1942) – und 1945 doch noch einmal für Österreich ...

Ein Krokodil auf dem Trockenen – Sean Dundee sucht sich das falsche Land aus ...

Der Südafrikaner Sean Dundee machte seit 1995 Furore beim Bundesligisten Karlsruher SC. Der südafrikanische Nationaltrainer lud den aus Durban stammenden Stürmer daraufhin zu einem Länderspiel ein – doch da gab es für »Crocodile« Dundee eine noch bessere Gelegenheit: Der damalige deutsche Bundestrainer Berti Vogts suchte händeringend nach Knipsern für seine fußlahme Truppe, und dieser Mann schien genau der Richtige. Sean Dundee weigerte sich, für Südafrika zu spielen und ließ sich schnell und unbürokratisch zum deutschen Staatsbürger machen. Nur: Seine Leistungen auf dem Fußballplatz ließen nach. 1998 zum FC Liverpool gewechselt, konnte er ebenso wenig überzeugen wie später beim VfB Stuttgart. Dundee machte kein einziges Länderspiel für Deutschland – Südafrika war indessen WM-Teilnehmer 1998 und 2002 ...

Der doppelte Prosinecki – WM-Historie durch einen gebürtigen Schwenninger

Der Zusammenbruch des jugoslawischen Vielvölkerstaates in seine Einzelteile ermöglichte es Dänemark im Jahr 1992, als erstes Land Europameister zu werden, ohne sich vorher für das Turnier qualifiziert zu haben: »Danish Dynamite«, eigentlich nur Zweiter der Qualifikationsgruppe hinter Jugoslawien, rückte nach – und gewann sensationell den EM-Titel mit 2:0 im Finale gegen Deutschland. Aber die Tragödie des Bürgerkrieges führte auch zu einem WM-Rekord – von Robert Prosinecki: Der gebürtige Schwenninger ist der einzige Spieler, der bei Weltmeisterschaften für verschiedene Nationen ein Tor schießen konnte. 1990 traf der Star von Roter Stern Belgrad für Jugoslawien (im Spiel gegen die Vereinigten Arabischen Emirate) und 1998 – inzwischen beim FC Portsmouth unter Vertrag – für Kroatien (gegen Jamaika und die Niederlande).

Haiti – USA – Haiti – USA – Haiti – verschollen: die Tragödie des Jo Gaetjens

Joseph Nicolas Gaetjens ist einer der größten WM-Helden aller Zeiten! Als sich die englische Nationalmannschaft 1950 erstmals herabließ, an einer Weltmeisterschaft teilzunehmen – man sah bis dahin keine Notwendigkeit, denn England war als Mutterland des Fußballs selbstverständlich das beste Team – übernahm es der Stürmer höchstpersönlich, für eine der größten Fußballsensationen aller Zeiten zu sorgen: Er köpfte das Siegtor zum 1:0 der US-Amateure im Gruppenspiel gegen Matthews, Ramsey & Co. Die begeisterten Zuschauer im Gastgeberland Brasilien trugen Gaetjens vom Platz, England durfte nach Hause fahren. Doch ein Happy End gab es für den Mann haitianischer Abstammung nicht. Vor seinem Einsatz für die USA hatte er bereits seit 1942 Länderspiele für Haiti absolviert, und er kehrte noch zweimal in sein Heimatland zurück. Ab 1953 spielte Jo erneut für Haiti, um allerdings danach erneut nach Amerika auszuwandern. Bei einem Besuch seiner alten Heimat im Jahr 1964 wurde er von der Geheimpolizei des Diktators Duvalier festgenommen. Nach wenigen Tagen starb er aus ungeklärter Ursache im Gefängnis.

XXII. »Der Ball, man sah ihn auf dem Rasen tanzen« – Fußball und die hohe Kultur

Niederlage oder Kantersieg. Ungerechtigkeit gegen poetische Gerechtigkeit. Fußball ist für alle Lebenslagen als Beispiel zu gebrauchen. Schon William Shakespeare ließ einen Unhold beschimpfen: »Was wirfst du mir scheele Blicke zu, du Hundsfott?« sprach King Lear zu Oswald. »Ich lasse mich nicht schlagen, Mylord«, antwortete dieser. »Auch kein Bein stellen, du niederträchtiger Fußballspieler?« Das dürfte beim elisabethanischen Theaterpublikum für reichlich Gelächter gesorgt haben. Nicht immer ging die Begegnung der Kultur mit dem Fußball anregend aus: Eher abtörnend wirkte ein Theaterstück, dem die deutsche Nationalmannschaft 1967 beim EM-Qualifikationsspiel in Albanien zuschauen durfte. Die Deutschen schliefen am nächsten Tag immer noch, spielten 0:0 und verpatzten die Qualifikation zur Europameisterschaft in Italien. Einzig Günter Netzer war wach und flog zum einzigen Mal in seiner Kickerkarriere vom Platz …

Anonym – Liebesgedicht an den Fußball

Um 1460 entstand in Italien ein Gedicht, das bestimmt zu den schönsten Liebesgedichten gehört, die je einem Ballspiel gewidmet wurden. Über 31 Strophen berichtet das Gedicht von einem Knaben, der einen Traum hat: In einem paradiesischen Rosengarten trifft er eine schöne Dame, die ihn lockt, wird aber dann vom Blick auf eine Wiese abgelenkt, »wo ich viele Jugendliche deutlich sah, die sich auf dieser Wiese ergötzten … Als ich diese Truppe genau betrachtete, sah ich, dass sie darauf eine Versammlung abhielten, in der einer von ihnen zu sprechen begann, der einen aufgepumpten Ball in der Hand hielt und zu den anderen sagte, ›Wollen wir spielen?‹« Man vermutet, dass ein Florentiner Bankier namens Giovanni Frescobaldi das Gedicht verfasst hat, der sich einen Namen gemacht hat als glühender Fan des Calcio.

Shakespeare – Elisabethanische Hooligans

Beim Großmeister des Theaters taucht der Fußballspieler gleich mehrmals in seinen Dramen und Komödien auf, kommt aber nie besonders gut weg: »Bin ich so rund mit euch, als ihr mit mir, dass ihr mich wie einen Fußball schlagt und stoßt? Hin und zurück nach Lust schlägt mich ein jeder, soll das noch lange währen, so näht mich erst in Leder«, jammert der Diener Dromio seiner Herrin Adriana in der Komödie »Irrungen und Wirrungen« vor. Was der berühmte Barde sicherlich nicht ahnen konnte: Der Schalker Kicker Youri Mulder nahm viele Jahre später einen Schädel in die Hand und versuchte sich als Hamlet auf der Bühne …

Sartre – Die Hölle sind immer die anderen

»Bei einem Fußballspiel verkompliziert sich allerdings alles durch die Anwesenheit der gegnerischen Mannschaft.« Mit diesem unsterblichen Satz brachte der französische Philosoph die unvermeidliche Kluft zwischen Theorie und Praxis auf den Punkt. – In dieselbe Kerbe schlug übrigens auch Ex-St.-Pauli-Trainer Helmut Schulte: »Das größte Problem beim Fußball sind die Spieler. Wenn wir die abschaffen könnten, wäre alles gut.« – Da bietet sich doch gleich eine Brücke zur brasilianischen Dribbel-Legende Garrincha an: Der hörte sich eine lange und komplizierte Erklärung der Spieltaktik durch den Trainer geduldig an, hatte aber am Schluss der Mannschaftssitzung eigentlich nur noch eine Frage: Weiß der Gegner denn auch schon, wie er spielen muss?

Albert Camus – Lektionen fürs Leben

Einige Jahre stand der Philosoph in Algerien bei RUA (Racing Universitaire d'Alger) im Tor. Nach seinem Nobelpreis 1957 bat ihn die renommierte Fußballzeitschrift »France Football« um einen Artikel. Da er wenig Zeit und wohl auch keine Lust hatte, sendete er den Herausgebern einen sehr persönlichen Text, den er bereits vier Jahre zuvor für die Verbandszeitung seiner algerischen

Jugendmannschaft geschrieben hatte. Darin zeigt sich der Existenzialist als – na ja, Mensch wie du und ich: »Ich begriff sofort, dass der Ball nie so auf einen zukommt, wie man es erwartet. Das war eine Lektion fürs Leben ... Und wo ich schon bei den Geständnissen bin, kann ich zugeben, dass ich in Paris zum Beispiel in die Spiele des Racing Club de Paris gehe, der mein Lieblingsverein ist, weil er die gleichen blau-weiß gestreiften Trikots hat wie RUA. Überhaupt hat der Racing Club ganz ähnliche Macken wie RUA: Beide Vereine spielen nach Lehrbuch, wie man so sagt, und lehrbuchmäßig verlieren sie selbst die Spiele, die sie nun wirklich gewinnen müssten.«

Walter Jens – Fußball ist Kunst

Der Philosoph entdeckte eine Gemeinsamkeit zwischen Fußball und Kunst: Fußball ist dem Prinzip der Kunst verpflichtet, weil er dem Prinzip der *freiwilligen Selbsterschwerung* folgt. Wenn das stimmt, dann dürfte es schon einige Künstler unter den Kickern geben. Als ein solcher entpuppte sich übrigens der Franzose Eric Cantona, der populärste Ausländer, der je auf der britischen Insel spielte: Er malte, dichtete, trat als Kabarettist und als Schauspieler auf. Und HSV-Torhüter Rudi Kargus, immerhin der Mann, der in der Bundesliga die meisten Elfmeter hielt, startete nach seiner Torwartlaufbahn eine Karriere als Maler.

Peter Handke – Die Angst des Dichters beim Elfmeter

Peter Handke verdanken wir den Satz: »Der Fußball hat von Natur aus keine Seele.« Das wusste seinerzeit auch schon Bundestrainer Helmut Schön (»Der Ball hat keine Seele, der ist leblos«). Handkes bekanntester Roman »Die Angst des Tormanns beim Elfmeter« handelt übrigens kaum vom Fußball, sondern eher von den Taten des Ex-Torwarts Bloch, der ziellos durch die Welt läuft und Verkäuferinnen umbringt. Am Schluss heißt es: »Der Schütze lief plötzlich an. Der Tormann, der einen grellgelben Pullover anhatte, blieb völlig unbeweglich stehen, und der Elfmeterschütze schoss ihm den Ball in die Hände.« Glück gehabt.

Mischa Meier – Entdecker des römischen Fußballs

Für alle Bücherwürmer, die sich mit der Antike beschäftigen, ist »Der Neue Pauly« das mit Abstand wichtigste wissenschaftliche Nachschlagewerk. Auch Fußballhistoriker können hier noch etwas lernen: So fand sich in der ersten Auflage von 1996 auf S. 895 unter dem Stichwort »Apopudobalia« von Autor Mischa Meier ein Artikel, der die Fachwelt in Aufregung versetzte. Hier war er, der Beweis, dass der moderne Fußball von den alten Römern kultiviert und bis in die britische Kolonie getragen wurde! Ein gewisser Achilleus Taktikos beschrieb schon im 4. Jh. v. Chr. den Fußball, beliebt bei Griechen wie Römern. Da feiert z. B. die erste Sportzeitschrift der Menschheit *De viris illustribus* prominente Apopudobalonten und ihre Wundertaten. Unter den Altertumsforschern wurde der Artikel im »Neuen Pauly« rege diskutiert, Quellen wurden zitiert und wieder verworfen. Doch dann kam es raus: Der Artikel war von vorn bis hinten erfunden – und die fußballbegeisterten Redakteure, die ihn heimlich in die Auflage schmuggelten, erst einmal ihren Job los …

John Huston – Fußball in Hollywood

Sollte jemals die goldene Bratwurst für den schlechtesten Fußballfilm aller Zeiten vergeben werden, »Flucht oder Sieg« (1981) von Altmeister John Huston hätte die Trophäe ziemlich sicher. Darin spielt Sylvester Stallone einen amerikanischen Gefangenen in Nazi-Hand, der mit zahlreichen Briten zusammengepfercht wurde. Aus unerfindlichen Gründen hat Sly alias Hatch eine unglaubliche Kondition, bekommt von den Nazis offensichtlich richtig gutes Essen und ist auch sonst in toller Verfassung. Als die Gefangenen von den Nazis aufgefordert werden, eine Fußballmannschaft zu gründen, schließen die steiflippigen Engländer in Person von Michael Caine (spielt einen ehemaligen West Ham-Profi namens Colby) ihren amerikanischen Freund gleich mal aus. Der ist stinksauer, aber topfit, haut nach Paris ab und tüftelt mit der Résistance einen Ausbruchsplan für den gesamten Trupp aus. Leider muss er dazu zurück ins Lager und sich irgendwie von den Engländern als Torwart anheuern lassen. So geht das dann noch eine Weile weiter, aber das Ende wird nicht verraten. Mitgespielt haben u. a. Pelé und Bobby Moore. Heldendarsteller Sylvester Stallone brachte sich mit einer Torwart-Parodie derart in den Film ein, dass er sich einen Finger brach, beide Knie ruinierte und den unsterblichen Satz sagte: »Was ist das eigentlich für ein Spiel? Für alte Frauen und Mädels?« Flucht vor dem Fußball wäre für Sly von Anfang an die richtige Lösung gewesen …

XXIII. Melodien für Millionen: Wenn Fußballer singen (müssen) ...

»Gute Freunde kann niemand trennen« (Franz Beckenbauer), »Dann macht es bumm« (Gerd Müller), »Bin I Radi, bin I König« (Radi Radenkovic), »Head Over Heels in Love« (Kevin Keegan), »Mama Calypso« (Jimmy Hartwig), »Die wilde 13 « (Thomas Brdaric) – dass Fußballer nicht singen können, ist hinreichend bewiesen. Auch die gesammelte deutsche Nationalmannschaft erhob das Fußballerlied nicht zur Kunstform. Grausam z. B. ihr »Buenos Dias, Argentina« zur WM 1978 – ein Song, den die Helden übrigens mit dem Österreicher Udo Jürgens aufnahmen. Österreich warf Deutschland dann mit 3:2 aus dem Turnier … Die folgenden Seiten zeigen aber, dass (richtige) Musik und Fußball naturgemäß miteinander verbunden sind.

Die größte Hymne des Fußballs – ursprünglich aus einem Musical

»Walk On, Walk On, With Hope in Your Hearts, And You'll Never Walk Alone« … Die Fans vieler Vereine singen inzwischen die bekannteste Hymne des Fußballs – in der Bundesliga z. B. Borussia Dortmund –, dabei waren es die Anhänger des FC Liverpool, die den Song 1963 erstmals in einem Stadion sangen. Auch sie allerdings haben ihn nicht erfunden. Im selben Jahr hatte die Band Gerry & the Pacemakers mit »You'll Never Walk Alone« einen Riesen-Hit in England, und die Fans auf der Tribüne »The Kop« sangen ihn beim Abspielen an der Anfield Road gerne mit. Doch auch Gerry hat das Lied nicht geschrieben! Es war eine Coverversion eines Songs, der erstmals 1945 veröffentlicht wurde – es stammt aus dem Broadway-Musical »Carousel« von Richard Rogers und Oscar Hammerstein II. und ist natürlich der wichtigste Bestandteil des Finales …

Verbot der deutschen Hymne – also kam sie vom Grammofon

In der Qualifikationsrunde zur WM 1954 traf die deutsche Nationalmannschaft auf das Saarland. Eine doppelt skurrile Partie: Zunächst spielte die Bundesrepublik gegen einen ehemaligen Teil des Deutschen Reiches, der inzwischen politisch zu Frankreich gehörte. Sportlich wollte das Saarland allerdings selbständig sein, und so gehörte man 1950 bis 1956 mit einem eigenen Verband der FIFA an. Ein reizvoller Vergleich für beide Seiten! Nach dem 3:0-Sieg der Herberger-Schützlinge im Hinspiel (das Saarland wurde übrigens vom späteren Herberger-Nachfolger Helmut Schön trainiert) musste die Bundesrepublik auch auswärts siegen, um das Ticket zur Weltmeisterschaft in der Schweiz zu lösen. Am Ende hieß es vor 53 000 Zuschauern 3:1. Ein Problem organisatorischer Art gab es allerdings. Wegen der politischen Verwicklungen wurde im Stadion nur eine niederländische Fahne gehisst (für den Schiedsrichter) und keine deutsche, Nationalhymnen waren verboten. Doch findige Fans ließen sich nicht abhalten: Mit Hilfe eines Grammofons erschallte das Deutschlandlied aus einem nahe gelegenen Waldstück …

»Rama Lama Ding Dong«: fast jeden Spieltag auf Platz eins …

Rocky Sharpe & The Replays hatten mit ihrem Song »Rama Lama Ding Dong« nicht nur einen Hit, der sich 1979 mehrere Wochen in den deutschen Charts hielt. Seitdem die Bundesligaklubs Tore der Heimmannschaften regelmäßig mit einem bestimmten Lied über die Stadionlautsprecher abfeiern, ist die Band an jedem Bundesligaspieltag »Tabellenführer« – jedenfalls wenn der 1. FC Nürnberg und der VfL Wolfsburg treffen … Die Erklärung: Nur der »Club« und die Wölfe spielen »Rama Lama Ding Dong« bei Torerfolgen ihrer Mannschaft, alle übrigen 16 Klubs benutzen jeweils unterschiedliche Ex-Chartbreaker.

Volker Ippig Fußballgott: Ein eigener Song für den Keeper …

Zwischen 1986 und 1992 hütete er in insgesamt 65 Bundesliga- und 35 Zweitligaspielen das Tor des FC St. Pauli: Volker Ippig. Trotz seiner titellosen und insgesamt unauffälligen Profikickerkarriere verehren ihn die Fans des Vereins heute immer noch. Der Grund: Bei ihm war die Nähe zu den Anhängern nicht etwas, was erst gefunden werden musste, sondern geradezu sprichwörtlich. Als Mitte der 80er Jahre viele Fans aus dem Umkreis der berühmt-berüchtigten Hafenstraße erstmals zum FC St. Pauli ans Millerntor gingen, war Volker Ippig schon mitten unter ihnen. Er wohnte in der an die Hafenstraße angrenzenden Bernhard-Nocht-Straße … Die Fans sangen ihm zu Ehren bei den Spielen die kommunistische Hymne »Völker, höret die Signale« – allerdings mit neuem Text: »Volker, höre die Signale« …

Pfiffe zur Hymne – Sperre für Barca

Die Erfolge des FC Barcelona waren seit Gründung des Klubs 1899 immer ein guter Grund für die Fans zu zeigen: Wir sind Katalanen und keine Spanier, wir lassen uns von der Hauptstadt Madrid nichts sagen. Die Rivalität Katalonien – Kastilien bzw. Barca – Real sorgte für viele Exzesse – eine der harmloseren Anekdoten ereignete sich 1925: Der FC Barcelona veranstaltete ein Bezefizspiel zugunsten eines Chores, der das Werk des berühmten katalanischen Musikers Josep Anselm Clave fortführen wollte. Spaniens Diktator Primo Rivera hatte kurz zuvor die Sprache der Katalanen verboten. In der Halbzeitpause begann eine englische Militärkapelle damit, die verhasste spanische Nationalhymne zu spielen. Die Zuschauer pfiffen aus Leibeskräften, und die verwirrten Marines brachen ab und spielten lieber das englische «God Save the Queen« … Ein Nachspiel hatte dies natürlich auch: Der FC Barcelona wurde für insgesamt sechs Monate gesperrt.

Sarah Connor singt die Nationalhymne – leider ohne Playback …
Der arme Hoffmann von Fallersleben – so gnadenlos wurde sein Text zur deutschen Nationalhymne selten umgedeutet … Vor dem zweiten Eröffnungsspiel der neuen Allianz-Arena 2005 in München (nicht wenige sprechen da gern genüsslich von der Arroganz-Arena) zwischen dem FC Bayern München und der deutschen Nationalmannschaft hatte die Delmenhorster Sangesdrossel Sarah Connor die große Ehre, die deutsche Hymne zum Besten zu geben. Vielleicht war es Nervosität, vielleicht die Unkenntnis des teutonischen Liedgutes oder doch die gleißenden Scheinwerfer: Jedenfalls wurde aus der Zeile »Blüh im Glanze dieses Glückes« irgendwie »Brüh im Lichte dieses Glückes«. Die Nationalspieler schienen durch diesen Hochverrat an der Hymne völlig verstört und unterlagen den Bayern blamabel 1:3. Ein kleiner Tipp an die Organisatoren der WM 2006: Bitte bei deutschen Spielen die Hymne immer mit Playback singen lassen …

XXIV. Derbys – Spiele mit Hormonüberschuss

Woher der Begriff *Derby* für ein Fußballspiel stammt, ist immer noch nicht historisch einwandfrei gesichert. Höchstwahrscheinlich hat es mit der englischen Grafschaft Derbyshire zu tun. Grund: Hier traten im Mittelalter die Kirchengemeinden All Saints und St. Peter's an. Das Spiel – eine brutale Frühform des Fußballs – wurde übrigens nicht mit elf Spielern auf einem abgegrenzten Platz ausgetragen, sondern mit allen verfügbaren Einwohnern auf dem Weideland zwischen den Gemeinden, und das Tor war der jeweilige Marktplatz ... Sieger war diejenige Gemeinde, deren Einwohner den Ball auf den Marktplatz des Gegners verfrachteten – eine wilde Angelegenheit, die eigentlich nie ohne Verletzungen vonstatten ging. Seitdem werden alle Spiele auf der ganzen Welt, in denen Mannschaften um die Platzherrschaft kämpfen, Derbys genannt. Und überall wecken diese Spiele lokale Leidenschaften. Auch die Wissenschaft hat sich mit den besonderen Duellen beschäftigt: Messungen haben ergeben, dass Spieler vor einem Heimspiel deutlich mehr Testosteron im Blut haben als sonst. Schließlich steht ihr eigenes Territorium auf dem Spiel. Der Rest ist reine Mathematik: Bei Derbys verdoppelt sich eben die Menge an Männlichkeitshormonen auf dem Platz. Und wenn man dann noch die Zuschauer hinzuzählt ...

Die Mutter aller Derbys: Nottingham gegen Notts

Das englische Nottingham war im Jahr 1866 der Schauplatz des ersten Lokalderbys der Fußballgeschichte. Notts County (gegründet 1862 unter dem Namen Nottingham) und Nottingham Forest (gegründet 1865 unter dem Namen Forest FC) spielten den ersten Platzhirschen der Welt aus. Über den Ausgang der heißen Partie sind die Meinungen allerdings bis heute geteilt: Laut Forests Klub-Annalen hieß es am Ende 1:0. Notts hingegen behauptet hartnäckig, die Partie sei 0:0 ausgegangen ...

Nicht wirklich ein »Lokal«-Derby – Perth Glory gegen Adelaide City

Australien – unendliche Weiten und riesige Entfernungen. Das spannendste Derby des australischen Kontinents hat nicht unbedingt eine große Geschichte. Erst 2003 konnte die Jungtruppe von Perth Glory erstmals die Meisterschaft gewinnen. Adelaide City kann da schon auf drei Titel (1986, 1992 und 1994) verweisen. Das »Down-under-Derby« wird scherzhaft so genannt, weil die beiden Mannschaften von allen in Australien den längsten Anfahrtsweg haben. Bei dieser Partie müssen beide Teams erst einmal satte 2700 Kilometer zurücklegen, um gegeneinander zu spielen.

Istanbul – das Derby der Kontinente

Fenerbahce gegen Galatasaray – einzig dieses Derby verbindet zwei Kontinente: Fenerbahce Istanbul, 1907 gegründet, stammt aus dem asiatischen Teil der Neun-Millionen-Metropole und gilt gemeinhin als Arbeiterklub. Die »Kanarienvögel« (gelb-blaues Trikot) sind türkischer Rekordmeister und wollen fast 20 der 70 Millionen Türken hinter sich wissen. Auch Staatsgründer Mustafa Kemal Atatürk war ein »Fenerli«. Galatasaray Istanbul, 1905 an der Nobelschule »Galatasaray Sultanisi« gegründet, ist der Verein der Reichen und Gebildeten: Er besitzt heute im europäischen Teil der Stadt eine eigene Insel inklusive Casino. Zu diesem Derby, das auch und gerade für Trainer als schicksalhaft gilt, stößt in der türkischen »Süper Lig« der dritte Verein der Stadt hinzu: Doch die Spiele gegen die »schwarzen Adler« von Besiktas, 1903 gegründet und somit ältester Verein Istanbuls, gelten nur als Generalproben für das große Kontinentalderby.

Hamburg – Die Anzeigetafel muss mit

Es kommt nicht mehr oft vor, dass der Bundesliga-Dino Hamburger SV und der Stadtteilklub FC St. Pauli in derselben Liga aufeinander treffen (abgesehen von den Spielen St. Paulis gegen die zweite

Mannschaft des HSV in der Regionalliga ...). Das wohl für lange Zeit letzte Heimspiel des Kiezklubs gegen den HSV stieg in der Bundesliga-Saison 2001/02. Aus Sicherheitsgründen wurde die Partie der »Zecken« (HSV-Schimpfwort) gegen »St. Ellingen« (St. Pauli-Ausdruck für den Gegner mit seinem Stadion im Stadtteil Stellingen) in der ungeliebten, aber polizeilich hervorragend zu kontrollierenden AOL-Arena (unter St. Pauli-Anhängern gerne »Stadion an der Müllverbrennungsanlage« genannt) ausgetragen. Da die Paulianer nicht ganz auf Heimatgefühl verzichten wollten, wurde der ausziehbare Spielertunnel (der »Uli-Hoeneß-Gedächtnis-Tunnel: ihn gibt es erst, seitdem der Bayern-Manager eine unfreiwillige Bierdusche verpasst bekam ...) vom Millerntor nach Stellingen verbracht. Auch die legendäre Anzeigetafel mit Handbetrieb sollte mit, doch das hätte den finanziellen Rahmen gesprengt. Also verfiel der FC St. Pauli auf einen kleinen Trick. Die Anzeigetafel wurde mit allen denkbaren Ergebnissen zwischen 0:0 und 4:4 abfotografiert und dann mit dem jeweiligen Stand auf die große Anzeigetafel in der AOL-Arena projiziert. Und das ging gerade noch gut: St. Pauli kam mit 0:4 schwer unter die Räder ...

Schalke und Dortmund oder: Die »Scheiße vom Revier« gegen den Vorort von Lüdenscheid ...

S04 gegen BVB, Königsblau gegen Schwarz-gelb, sieben Meistertitel gegen sechs Meistertitel, UEFA-Pokalsieger gegen Champions-League-Sieger – das Ruhrpott-Derby ist wohl immer noch das heißeste in Deutschland. Die gegenseitigen Schmähungen sind unzählbar, aber ernsthaft gewalttätig ist es nie geworden. Außer einmal in der Bundesliga-Saison 1969/70 im Dortmunder Stadion Rote Erde: Beim 1:1-Unentschieden wurde Schalke-Spieler Friedel Rausch von einem Polizeihund gejagt und schließlich in den Allerwertesten gebissen! Natürlich kam Schäferhund Rex, so der Name des Amtstieres, aus Dortmund ... Seit dieser Partie gibt es für Polizeihunde in Bundesligastadien eine Maulkorbpflicht.

Madrid: Am Brunnen *nach* dem Tore …

Als großes spanisches Derby gilt natürlich die Begegnung zwischen Real Madrid und dem FC Barcelona. Unvergessen bleibt der Schweinskopf (und die Handys und die Whiskyflaschen …), die dem portugiesischen Nationalhelden Luis Figo, der dreist von Barcelona nach Madrid gewechselt war, von erbosten Katalanen im Camp Nou 2001 aufs Spielfeld geworfen wurde. Das echte Heimduell jedoch spielen die »Galaktischen« von Real gegen Atlético Madrid, immerhin auch neunfacher spanischer Meister und neunmal Pokalsieger. Mittlerweile sind diese Begegnungen recht einseitig geworden, gilt doch Atlético eher als Klub der Kleinen. Siege im Derby feiern die Fans von Atlético übrigens im Brunnen der Plaza de Cánovas des Castillo. Die Fans der Königlichen hingegen zieht es auf die Plaza de Cibeles.

El Superclássico – 104 Todesopfer in Buenos Aires

Als aggressivstes Duell in der Fußballwelt gilt immer noch das große Derby in Argentiniens Hauptstadt Buenos Aires: Boca Juniors gegen River Plate. Der Unterschied zwischen den Millionarios von River Plate und dem kleinen Bruder aus dem Hafenviertel wird sorgsam gepflegt. Die einen Fans verehren Alfredo Di Stefano, die anderen lieben ihren Helden Diego Maradona. Schon beim ersten Aufeinandertreffen im Jahr 1913 gab es Ausschreitungen, heute sind bei den Derbys in River Plates Estadio Monumental oder in Bocas berühmter Pralinenschachtel »La Bombonera« u. a. Messer, Sprengkörper und Schusswaffen an der Tagesordnung. Bisher starben bei diesem Derby insgesamt 104 Zuschauer allein in den Stadien. Da erscheinen die traditionellen Beschimpfungen geradezu liebevoll: Die Boca-Fans rufen die Gegenseite »Hühner«, die River Plate-Anhänger kontern mit dem wenig originellen »Schweine«.

Liverpool – Blau oder Rot?

Zweimal im Jahr geht es in der Stadt am Mersey hoch her. Dann heißt es nicht »Beatles oder Stones?«, »Oasis oder Blur?«, sondern »Blau oder Rot?«, dann spielt der FC Liverpool gegen den FC Everton. Kleiner Treppenwitz der Fußball-Geschichte: Findet das Derby an der berühmten Anfield Road statt, kehren die »Blues« in ihre alte Heimat zurück. Die 1884 errichtete Stadionlegende war nämlich bis 1892 Spielstätte des FC Everton. Dann jedoch erhöhten die Eigentümer die Pacht, und der Verein baute sich lieber 1892 den Goodison Park. Traditionsbewusste Everton-Fans, die unbedingt an der Anfield Road bleiben wollten, gründeten kurzerhand der FC Liverpool …

Soweto – Indianer gegen Totenköpfe

»Stampede« nennen die südafrikanischen Medien das härteste Duell des Landes: Kaizer Chiefs gegen Orlando Pirates, die Indianer gegen die Totenköpfe. Beide Vereine kommen aus Soweto, dem mythischen Vorort von Johannesburg, dessen Einwohner den Kampf gegen die Apartheid anführten. Die Pirates sind der älteste Club des Landes, 1937 gegründet. Boss der Kaizer Chiefs ist Kaizer Moutang, ein ehemaliger Spieler der Pirates, der als Profi in den USA spielte, 1970 zurückkam und keine Lust mehr hatte, Angestellter zu sein. Er gründete kurzerhand seinen eigenen Club. Das war der Beginn einer Rivalität, die mit Morddrohungen gegen Kaizer Moutangs Familie begann und mit 43 Toten bei einem Derby am 11. April 2001 im Stadion Ellis Park ihren traurigen Höhepunkt erreichte.

Kairo – Al-Ahly und Zamalek machen's nur mit Polizeischutz

Das Hauptstadt-Derby im Land der Pyramiden braucht nicht nur einen neutralen Ort, sondern auch einen extra angeheuerten Top-Schiedsrichter aus dem Ausland. In den 60er Jahren marschierte einmal sogar die ägyptische Armee auf, um für Ruhe zu sorgen. Die

Zahl der Todesfälle bei diesen Spielen ist nie bekannt gemacht worden. Wenn Al-Ahly und Zamalek im Nationalstadion von Kairo aufeinander treffen, ist auch immer Politik im Spiel. König Farouk war Fan des international orientierten Klubs Al-Ahly, sein Nachfolger Präsident Nasser übernahm den nationalistisch orientierten Verein Zamalek. Inzwischen haben sich die politischen Verhältnisse geändert, die Rivalität aber bleibt. Seit Ägyptens Starspieler Hassam Hossan, übrigens WM-Teilnehmer 1990, von Al-Ahly zu Zamalek wechselte, braucht er Leibwächter.

Rio de Janeiro – O Fla-Flu

Samba auf den Rängen, 35 Grad im Schatten und noch heißere Rivalität – bei den Partien zwischen Rios großen Klubs Flamengo und Fluminense im etwas heruntergekommenen Maracaná ist man dem Herzen des brasilianischen Fußballs ganz nah. Hier regieren Spielfreude und nicht immer Effizienz – bis auf eine legendäre Partie im Jahr 1941: Als Fluminense realisierte, dass ein Unentschieden bei Flamengo zur Meisterschaft genügte, schindeten die Spieler ordentlich Zeit. Sie schossen den einzigen verfügbaren Ball beim Stand von 2:2 einfach bei jeder sich bietenden Gelegenheit in den See hinter der Tribüne des damaligen Flamengo-Stadions ...

Milan gegen Inter – das edelste aller Derbys

Seit 1947 teilen sich der AC Milan und Internazionale (so der richtige Name) die Fußball-Scala im Stadtteil San Siro, die seit 1980 nach Giuseppe Meazza benannt ist. Keiner hat etwas dagegen, schließlich spielte die italienische Fußball-Legende (Weltmeister 1934 und 1938) für beide Vereine: 1927–39 für Inter, 1939–42 für Milan. Lange galt Inter als der Klub der Besserverdiener und Bohemiens. Das hat sich seit Silvio Berlusconis Präsidentschaft beim AC Milan allerdings geändert. Ausschreitungen in San Siro sind eher selten – bis zum Viertelfinal-Rückspiel in der Champions League 2005, bei dem die Lokalrivalen wieder einmal aufeinander trafen.

Inter war nach einem 0:2 im Hinspiel praktisch ausgeschieden und lag erneut 0:1 zurück, als Schiedsrichter Dr. Markus Merk ein Tor des Inter-Spielers Cambiasso annullierte. Die Inter-»Anhänger« schossen eine Rakete auf Milans Torwart Nelson Dida, Markus Merk brach das Spiel ab.

XXV. Große Zampanos – Paten, Bosse, Funktionäre

Natürlich könnte so ein Fußballverein auch einfach nur von farblosen Buchhaltern und Bankangestellten geführt werden – aber das kann doch keiner wollen! Die großen Klub-Potentaten – ob hemdsärmelig und jovial oder im feinen Zwirn –, die guten Freunde, die einander helfen wie der FC Bayern und der Medienmogul Leo Kirch, sind doch das Salz in der Fußballsuppe! Einen herausragenden Vereinsboss erkennt man an seinen großspurigen Plänen und einer Finanzplanung, die zumeist Lichtjahre von der Realität und den rechtlichen Vorschriften entfernt ist. Hier nur eine kleine Galerie der buntesten Fußballbosse und ihrer skurrilen, nicht immer von Erfolg gekrönten Aktivitäten.

Jesús Gil y Gil: »Sie haben es nicht verdient zu leben!«

Der Politiker und Langzeit-Präsident von Atlético Madrid (1933–2004) ließ es so richtig krachen. Nach dem Gewinn des spanischen Doubles 1996 ritt er z.B. auf einem Elefanten über das Spielfeld. Auch Flugzeugträgern gehört sein Herz, und so kaufte der Militaria-Liebhaber für geschätzte 400 Millionen Mark einen Flugzeugträger, den die Argentinier im Falklandkrieg eingesetzt hatten. Begründung: »Ich hatte noch keinen.« Die Kohle dafür war natürlich immer da, machte der Bauunternehmer und zeitweilige Bürgermeister des schicken Marbella (mit seiner eigenen Partei, die er listig GIL nannte ...) doch reichlich davon. Wenn auch mit dubiosen Mitteln: Seit seiner Übernahme des Vereins 1987 verging kein Jahr ohne lästige Anklage. Für die Veruntreuung von 26 Millionen Mark aus Marbellas Stadtsäckel war eine Gefängnisstrafe fällig. Doch der Mann war in erster Linie Fußballfan und konnte in dieser Eigenschaft grundsätzlich werden: Als sein Verein ausgerechnet am 100. Geburtstag gegen Osasuna Pamplona vergeigte, sprach er einigen Spielern gleich die Lebensberechtigung ab: »Sie haben es nicht verdient zu leben!« 16 Jahre lang regierte er Atlético, in dieser Zeit verschliss er 26 Trainer, darunter Berühmtheiten wie Claudio Ranieri und Cesar Luis Menotti. »Ich bin derjenige, der zahlt, also mache ich, was ich will. Die Trainer sollen die Spieler ordentlich scheuchen und denen die Taktik an der Tafel erklären, ich mache den Rest.« 2003 verließ Gil y Gil aus Altersgründen den Präsidententhron. Er wurde im Estadio Vicente Calderón betrauert, seine Nachfolge war schnell geregelt: Filius Miguel Angel übernahm den Posten des Generaldirektors von Atlético …

Bernard Tapie – die Malaise in Marseille

Nachdem sich in den 60ern der Erfolg als Schlagersänger unter dem Namen Bernard Tapie nicht so recht einstellen wollte, trieb es den gebürtigen Pariser ins Elektronik-Geschäft. Er übernahm marode Firmen, sanierte sie brutal und verkaufte sie mit hohem Gewinn weiter. Mit Olympique Marseille ging Tapie etwas pfleglicher um, pumpte Geld in die Mannschaft und machte Marseille zur neuen Fußballhochburg in Frankreich. Das weckte das Interesse der Politiker. Tapie wurde in die französische Nationalversammlung gewählt und war in der Regierung Pierre Bérégovoy für kurze Zeit sogar Minister für Stadtentwicklung. Tapie ging gern mal auf Einkaufstour: So kaufte er sich den Sportartikelhersteller adidas und engagierte Franz Beckenbauer als Sportdirektor und Trainer für Olympique. Marseille holte fünf Meistertitel nacheinander – bis 1993. Erst war es nur ein Gerücht, aber es setzte eine ganze Armee von Untersuchungsrichtern, Polizisten und Zöllnern in Marsch: Tapie hatte einen Spieler von US Valenciennes-Anzin bestochen. Olympique verlor seinen Titel, Tapie seine parlamentarische Immunität, er wanderte für einige Monate ins Gefängnis. Doch seinem Erfolg tat das keinen Abbruch: Er kandidierte als Bürgermeister von Marseille, wurde Europa-Abgeordneter und reüssierte sogar als Schauspieler. Sein letzter Coup wird die Pariser Gerichte noch eine Weile beschäftigen: der Prozess um eine Entschädigungszahlung in Höhe von 1 Milliarde Euro, die Tapie wegen des Zwangsverkaufs von adidas 1993 von seiner Hausbank fordert. Ob er viel davon haben wird, ist fraglich. Bernard Tapie steht seit 1994 unter Zwangsaufsicht der Steuerbehörden.

Ach, immer diese Bürokratie – Wilhelmshaven und Reutlingen

Ein Meisterstück der Planung lieferten die Funktionäre des SSV Reutlingen im Jahre 2003. Der Zweitligaabsteiger beantragte die Lizenz für die Regionalliga und brachte die dafür geforderte Bürgschaft über 150.000 DM in letzter Minute auf. Doch leider blieb die Delegation mit den wichtigen Unterlagen im Stau stecken und kam 31 Minuten nach Ablauf der Frist beim DFB in Frankfurt an … Ergebnis: Ab in die viertklassige Oberliga! Dem SV Wilhelmshaven erging es 2001 noch viel schlechter: Hier konnten die Unterlagen für die Regionalligalizenz nach zähen Verhandlungen mit dem bockigen Sponsor erst kurz vor Ultimo gefaxt werden. Und dann wurde der Alptraum eines jeden Büromenschen wahr: Das Faxgerät sperrte sich, und so kam die entscheidende Seite erst fünf Minuten nach Mitternacht in der DFB-Zentrale an – keine Lizenz wegen eines Formfehlers.

Milan und Berlusconi – Silvio, der Prächtige

Was Tapie nie so ganz geschafft hat, ist seinem italienischen Bruder im Geiste, Silvio Berlusconi, locker gelungen: Sein Studium finanzierte Berlusconi zwar noch als Conferencier und Pianist auf Kreuzfahrtschiffen, auch als Staubsaugervertreter putzte er Klinken. Als der Lombarde 1986 den AC Milan übernahm, war der Medienmogul und Bauunternehmer, der seiner Heimatstadt Mailand ganze Stadtviertel hinsetzte, jedoch längst Milliardär. Den AC betrachtete er als seinen Privatbesitz: 1993 forderte er die Abschaffung von Länderspielen. Schließlich würden dann die von ihm bezahlten Spieler ohne Entgelt arbeiten. Stattdessen dachte er laut über eine internationale Liga mit den besten Spielern nach, die unter seiner Ägide spielen würden. Auch seine politische Karriere gestaltete er näher an der Präsidentenloge als am Rednerpult im Parlament: Die von ihm ins Leben gerufene Partei, die rechtspopulistische Forza Italia, taufte der PR-Profi nach dem Schlachtruf der Fans der Squadra Azurra. Seit 2001 ist er als Ministerpräsident Chef der bisher längsten Nachkriegsregierung Italiens und tut wirklich alles dafür, dass es auch so bleibt. Angesichts so viel staatstragender Grandezza muss der Calcio inzwischen zurücktreten. Seinen Posten als Präsident des AC Milan musste er 2004 durch ein von ihm durchgesetztes Gesetz zum Thema Interessenskonflikt zwar aufgeben, aber hinter den Kulissen zieht er natürlich immer noch die Strippen. Sein Vize Adriano Galliani ist Chef der Profiliga und sorgte für einen lukrativen Vertrag über die Übertragungsrechte mit Berlusconis TV-Sendern. Die Bilanz von Silvio, dem Prächtigen, nach 18 Jahren Milan: vier Champions-League-Siege, sieben Meisterschaften, ein Pokalsieg.

Günter Eichberg – Schalkes Sonnenkönig

Von 1989 bis 1993 war der Besitzer mehrerer Krampfader-Kliniken Präsident von Schalke 04. In dieser Zeit führte er den Verein zurück in die erste Bundesliga, investierte einen zweistelligen Millionenbetrag aus seiner Privatschatulle, den er hemmungslos unter die Leute warf (berühmt-berüchtigt: sein Blankovertrag für Radmilo Mijhalovic), und engagierte – gegen großen Widerstand – den Ex-Dortmunder Rudi Assauer. Schalke-Fans wissen sicherlich noch eine ganze Menge mehr über ihren Präsidenten. Unvergessen bleibt Schalkes Sonnenkönig jedoch vor allem wegen eines Tages: Am 6. Januar 1990 wurde die Schalke-Legende Ernst Kuzorra zu Grabe getragen. Aus terminlichen Gründen (!) konnte Günter Eichberg erst zum anschließenden Leichenschmaus dazu stoßen. Bei einigen »Pilsken« entstand dann die Idee, die Beerdigung noch mal zu inszenieren – inklusive Kranz und königsblauer Fahne. So war Eichberg wenigstens auf den Fotos zu sehen …

XXVI. Vertrag ist Vertrag – allerdings nicht beim Fußball

Die Spekulationen um Spielerwechsel in der Sommer- oder Winterpause – viele Fans sind dankbar für die Ersatz-Beschäftigung in der fußballfreien Zeit! Doch nicht immer geht die Rechnung auf wie z. B. beim teuersten Transfer aller Zeiten: 2001 überwies Real Madrid gut 72 Mio. Euro an Juventus Turin, und Zinedine Zidane wechselte – Punkt. Ganz im Gegenteil: Unwürdiges Geschacher, persönliche Animositäten und die Raffgier einer ganzen Schar von »Beratern« machen die Wechselspielchen zu einem komplizierten Monopoly – allerdings mit echtem Geld …

Der Knete-Klassiker: Real und Barca streiten um Di Stefano
Der Wechsel von Alfredo Di Stefano 1953 zu Real Madrid – noch heute ist nicht mit Sicherheit geklärt, unter welchen Umständen er zustande kam. Dubios waren sie auf jeden Fall: Der Star des »blauen Balletts« von River Plate Buenos Aires war zunächst 1948 zu den Millionarios Bogotá in die wilde, nicht von der FIFA akzeptierte kolumbianische Liga gegangen. Fünf Jahre später wollte ihn der katalanische Nobelklub FC Barcelona verpflichten. Barca einigte sich mit River Plate, dem Klub, dem Di Stefano offiziell noch angehörte, und verhandelte mit den Millionarios. Der Fehler: Ex-Barca-Spieler Pepe Samitier, mit den Verhandlungen beauftragt, setzte als Mittelsmann ausgerechnet einen Freund von sich ein, den Präsidenten des CF Santa Fé, dem großen Rivalen von Millionarios. Der hatte natürlich kein Interesse an einer hohen Ablöse für Di Stefano … Inzwischen war Santiago Bernabeu, der Präsident von Real Madrid, auf den Spieler aufmerksam geworden. Es begann ein Kampf um Di Stefano, der insgesamt neun Monate dauerte! Die sprichwörtlich guten Verbindungen Reals zum spanischen Verband zahlten sich aus. Es wurde ein Gesetz erlassen, nach dem ausländische Spieler grundsätzlich nicht mehr in Spanien spielen dürf-

ten. Ausnahme: Alfredo Di Stefano. Der könne im Wechsel zwischen Barca und Real bei beiden Klubs spielen – 1953/54 bei Real, 1954/55 bei Barca etc … Die Katalanen verzichteten schließlich auf den damals besten Fußballer der Welt. Im Oktober 1953 kam Alfredo Di Stefano nach Madrid. Er wurde mit einem Verein, der bis dato nur zwei Titel in den 30er Jahren feiern konnte, auf Anhieb 1954 und 1955 spanischer Meister und ab 1956 fünfmal in Folge Europapokalsieger der Landesmeister …

Kein Wechsel zum Weltklub FC Dünkirchen oder: Wie es zum Bosman-Urteil kam

Der vielleicht berühmteste Spielerwechsel der Fußballgeschichte kam nie zustande: 1990 wollte der Belgier Jean-Marc Bosman nach einem Streit um das Gehalt seinen Verein FC Lüttich verlassen und für den französischen Zweitligisten FC Dünkirchen spielen. Doch Lüttich entließ Bosman – ohne Freigabe für einen anderen Verein! Fünf Jahre dauerte Bosmans Gang durch alle Instanzen, bis ihm der Europäische Gerichtshof 1995 eine Mio. Dollar Schadensersatz zusprach und nebenbei das UEFA-Transfersystem und die Ausländerregelungen für unvereinbar mit der EU-Verfassung erklärte …

Reinhold Fanz: Das Gedächtnis des Sponsors – ein Kündigungsgrund!

Als Reinhold Fanz in der Saison 2004/05 beim Zweitligisten Karlsruher SC als Trainer anheuerte, hätte er sich nicht träumen lassen, wie kurz seine Amtszeit dauern würde. Es waren exakt sieben Tage! Trotz nagelneuen Arbeitsvertrages entließ ihn der Klub nach nur einer Woche. Grund war der Vorstandschef des KSC-Sponsors EnBW: Utz Claasen hatte Reinhold Fanz noch in verdammt guter Erinnerung. 1998 – also sieben Jahre zuvor – war Claasen für kurze Zeit Präsident von Hannover 96 gewesen, und der damalige 96-Trainer Reinhold Fanz hatte ihm jeglichen Fußballverstand abgesprochen. Claasen rächte sich nun, indem er seinem Gegenüber das sportliche und persönliche Format im Abstiegskampf absprach. Und gegenüber dem KSC gab es ebenfalls eine klare Ansage: EnBW zieht sich als Sponsor zurück, falls Reinhold Fanz bleibt. Das KSC-Präsidium entließ den Trainer tatsächlich – und bewies wenigstens mit dem eigenen Rücktritt ein wenig Rest-Würde.

Ein Katholik bei den Rangers – das war (fast) unmöglich …

Der Hass zwischen den Fans von Celtic Glasgow (33-mal nationaler Pokalsieger in Schottland – Weltrekord) und den Glasgow Rangers (51-mal Meister – ebenso Weltrekord) ist legendär. Hier die Katholiken, die Nachfahren der irischen Einwanderer, die armen Leute. Dort die Protestanten, die Anhänger des britischen Empire, die besser Verdienenden. Auch wenn es inzwischen bei den Derbys zwischen Grün-weiß und Rot-weiß-blau kaum noch Ausschreitungen gibt, an eine Regel pflegte man sich in Schottland lange Zeit zu halten: Wechsle nie von den Rangers zu Celtic oder umgekehrt! Ein Katholik bei den Rangers – das war doch unmöglich … Bis auf Maurice Johnston allerdings. »Mo« (dessen Vater Protestant und Rangers-Fan war!) ging 1988 von Celtic Glasgow nach Frankreich zum FC Nantes und kehrte ein Jahr darauf nach Schottland zurück – leider zum »falschen« Klub, den Rangers. Er war damit erst der fünfte Katholik bei den Rangers, der erste seit 1910! Doch Trainer Grame Souness hatte kein Problem damit, die Fans ebenso wenig – ein wichtiger Schritt zur Normalisierung des Verhältnisses beider Klubs war getan.

**Stan Libuda im Pokalfinale 1972 oder:
Der Vertrag für einen Tag**

Im Normalfall streiten sich Spieler und Vereine bei ihren Vertragsverhandlungen auch um die Laufzeit: ein Jahr oder zwei oder sogar drei? Einmal in der Geschichte des deutschen Fußballs sah dies etwas anders aus. Am Ende der Saison 1971/72 verließen Stan Libuda und Heinz van Haaren den FC Schalke 04 in Richtung

Frankreich zu Racing Straßburg. Wie üblich war der alte Vertrag datiert bis zum 30. Juni, der neue begann am 1. Juli. Pech für die Königsblauen, dass das DFB-Pokalfinale 1972 zwischen Schalke und dem 1. FC Kaiserslautern wegen der Europameisterschaft erst am 1. Juli stattfand. Aber Schalke war halt schon immer der etwas andere Verein – und so fand man eine Lücke im Vertragswerk mit den Straßburgern und verlängerte den Kontrakt mit beiden Spielern. Und zwar um exakt einen Tag! Stan Libuda und Heinz van Haaren liefen also am 1. Juli auf und gewannen mit 5:0 gegen den 1. FC Kaiserslautern. Ein historischer Erfolg: Es war der höchste Sieg in einem DFB-Pokalfinale aller Zeiten.

Ausstiegsklausel mal anders: Patrick Kluivert und die Nachtschwärmerei

Viele Vereine und Spieler lassen in die Verträge Klauseln einbauen, die bei einem Wechsel beiden Seiten zugute kommen. So hatte sich Kevin Kuranyi beim VfB Stuttgart den Ausstieg aus seinem Vertrag bei einer Ablösesumme von 4,5 Mio. Euro garantieren lassen (um dann aber doch für sieben Mio. Euro zu Schalke 04 zu gehen …). Als Patrick Kluivert 2005 vom FC Barcelona zum FC Valencia wechselte, ließ sich sein neuer Klub etwas Besonderes einfallen. Um den berüchtigten Nachtschwärmer ein wenig unter Kontrolle zu bekommen, wurde eine Party-Klausel in den Arbeitsvertrag aufgenommen. Wenn der FC Valencia Kluivert dreimal ohne Erlaubnis in Kneipen oder Bars erwischt, kann der Klub den Kontrakt sofort auflösen …

Der bettelarme Fußballstar: Sebastian Deisler und das »Darlehen« über 20 Mio.

Der Wechsel von Nationalspieler Sebastian Deisler im Jahr 2002 von Hertha BSC zu Bayern München wurde – entgegen den DFB-Vorschriften – bereits im Mai 2001 zwischen »Basti« und dem Rekordmeister klargemacht. Spieler mit bestehenden Verträgen dürfen interessierte Vereine erst ein halbes Jahr vor Ablauf des alten Kontraktes ansprechen! Als der Wechsel vorzeitig aufflog, ließ sich Bayern-Manager Uli Hoeneß eine »glaubwürdige« Geschichte von Nächstenliebe und Gutmenschentum einfallen: Der Scheck über DM 20 Mio. sei ein Darlehen an Sebastian Deisler gewesen … Bei Sebastian Kehl vom SC Freiburg funktionierte die »Unterstützung« durch die Münchner nicht. 2001 hatte der Jungnationalspieler ebenfalls einen Scheck angenommen, schickte ihn aber noch in der Winterpause zurück. Borussia Dortmund schien noch mehr als die Bayern geboten zu haben …

Knete-Klassiker, Teil 2: Real und Barca buhlen um Kubala

Zwei Jahre vor dem großen Kampf der iberischen Rivalen um Alfredo Di Stefano hatte es bereits ein Duell um Ladislav Kubala gegeben – diesmal mit glücklichem Ende für die Katalanen. Der geistigen Getränken bekanntermaßen nicht abgeneigte Fußballer hatte 1949 seine kommunistische Heimat und seinen Klub Vasas Budapest verlassen und musste eine zweijährige FIFA-Sperre absitzen. Er gründete mit ebenfalls geflohenen Landsleuten ein Team namens *Hungaria* und veranstaltete Showspiele. Ein Beobachter von Real Madrid war begeistert, der Klub wollte ihn unter Vertrag nehmen. Doch der ewige Konkurrent vom FC Barcelona schnappte den Stümerstar Real vor der Nase weg. Eine vermeintliche Zugreise des leicht angeheiterten Spielers mit Barcas Manager Pepe Samitier nach Madrid endete in der katalanischen Hauptstadt. Als der Zug im Bahnhof einfuhr, entfaltete sich folgender Dialog zwischen den beiden: »Ey, wir fahren nach Madrid, oder?« »Sicher tun wir das.« »Aber das Schild sagt Barcelona.« »Mach dir keine Sorgen, Ladislav, wir gehen jetzt zum Klub« … Am selben Tag unterschrieb Kubala bei Barca.

XXVII. Hacke, Spitze, eins, zwei, drei – Einige berühmte Tricks

Den Gegner vorführen, düpieren, frustrieren. Mal so richtig zeigen, wo's langgeht – das gehört zum Fußball wie das runde Leder. Die in Europa viel gescholtene »brotlose Kunst« wurde in Afrika und Südamerika perfektioniert. Nicht immer ist bekannt, wer denn nun einen Trick als erster vorgeführt hat, aber egal. Aus deutscher Sicht ist wichtig, dass die Mannschaft mit dem schönsten Trick am Ende oft das Spiel verloren hat! Wie z. B. Österreich bei der WM 1934 im Spiel um Platz drei gegen Deutschland (2:3): Da setzte sich Karl Sesta frech auf den Ball, um die »Piefkes« zu blamieren – doch Ernst Lehner schnappte sich reaktionsschnell die Pille und schoss das entscheidende dritte deutsche Tor …

Der Unaussprechliche: Cuauthemoc Bravo Blanco nimmt den Ball zwischen die Füße

Cuauthemoc Bravo Blanco von Necaxa Mexiko – mit einem solchen Namen muss man einfach einen neuen Trick erfinden … Der mexikanische Nationalspieler hielt sich daran: Bei der Weltmeisterschaft 1998 in Frankreich überraschte er im Gruppenspiel gegen die Südkoreaner (3:1) mit folgender Idee: Er stand allein vor zwei Gegenspielern und konnte den Ball nicht mehr abgeben. Da nahm Blanco ihn einfach zwischen die Füße, hob das Spielgerät hoch und schlüpfte damit zwischen den Koreanern hindurch!

Der Schuster-Schmäh – Vater aller Bauerntricks …

Der Österreicher Ludwig Hussak hat die Ehre, einen der bekanntesten Fußballtricks der Welt erfunden zu haben: »Schuster-Schmäh« wurde die Finte genannt, die der Nationalspieler vom Vienna Cricket Club (Vorläufer der berühmten Wiener Austria) zu Beginn des 20. Jahrhunderts entwickelte: rechts antäuschen, links vorbei – und der Gegenspieler sah schon damals verdammt alt aus …

Der Übersteiger – perfektioniert von Garrincha

Manuel Francisco dos Santos – genannt Garrincha –, Rechtsaußen vom FC Botafogo Rio de Janeiro und mit Brasilien Weltmeister 1958 und 1962 – wahrscheinlich war er der größte Dribbler aller Zeiten. Lag's an seinen seit der Geburt verkrüppelten Beinen – das eine ein X-Bein, das andere ein um sechs Zentimeter längeres O-Bein? Jedenfalls zeigte Garrincha mit ihnen, was man aus dem guten alten Übersteiger bzw. der guten alten Schere so alles machen konnte: Die Ausholbewegung mit dem ballführenden Bein ließ seinen Gegenspieler verwirrt nach links oder rechts abtauchen, doch Garrincha nahm den Ball mit demselben Fuß wieder auf und lief vorbei. Das war aber noch nicht alles! Was mit einem Bein funktioniert, geht auch mit dem andern Bein, am besten abwechselnd. Und so erfand Garrincha die Doppelschere und pflügte sich so die rechte Außenbahn entlang. Und wenn der Abwehrmann völlig durcheinander war, lief Garrincha einfach mal ohne Ball los – der arme Trottel immer hinterher …

Doppelpass mit der eigenen Hacke – Luciano Figueroa

Über den sportlichen Wert des FIFA Confederations Cup ist lang und breit gestritten worden – zumindest im Halbfinale des Tuniers 2005 zwischen Argentinien und Mexiko (7:6 n. E.) gab es eine artistische Meisterleistung. Luciano Figueroa, argentinischer Stürmer in Diensten des FC Villareal, legte sich den Ball in der 110. Minute im mexikanischen Strafraum mit der Hacke über den eigenen Kopf selbst vor und tunnelte den mexikanischen Keeper Sanchez – 1:1! Der »Hackenlupfer« war geboren.

Der Fallrückzieher – nein, der stammt nicht von Klaus Fischer …

Viele Fußballnationen beanspruchen für sich, dass einer ihrer Spieler den Fallrückzieher erfunden haben soll – insbesondere in Südamerika. Doch es war wohl doch kein Brasilianer, Argentinier oder

Chilene, sondern ein Italiener: Silvio Piola – Spieler von Lazio Rom und Weltmeister 1938 – soll als erster die *Bicicleta* angesetzt haben. Berühmt ist sein Fallrückziehertor 1939 beim 3:2 im Freundschaftsspiel in Florenz gegen Deutschland (übrigens das erste Spiel einer deutschen Mannschaft, das live im Radio übertragen wurde). Klaus Fischer, der 268 Tore in der Bundesliga erzielte und 32 für die deutsche Nationalmannschaft, hat den Fallrückzieher zwar nicht erfunden – aber er machte ihn zu seinem Markenzeichen: Zweimal schoss er so ein ARD-»Tor des Jahres«, und vor allem machte er auf diese Art eines der wichtigsten Tore für Deutschland überhaupt: das 3:3-Ausgleichstor im legendären WM-Halbfinale 1982 gegen Frankreich, das Deutschland schließlich im ersten Elfmeterschießen der WM-Geschichte mit 8:7 gewann …

Werbespots haben auch etwas Gutes – Der Crossover Drop Kick

Vor jedem großen Turnier werden die Fußball-Fans mit einem neuen, starbesetzten Werbespot des US-Sportartikelherstellers Nike »beglückt«. Zumindest einmal wurde dabei große Kunst gezeigt: Edgar Davids – niederländischer Nationalspieler, der für Ajax Amsterdam, Juventus Turin, den FC Barcelona und Inter Mailand die Stiefel schnürte und sich gern am Rande eines Platzverweises bewegt – zeigte vor der WM 1998 den so genannten Crossover Drop Kick: Dabei berührte Edgar Davids den Ball in dem Moment, als er auf dem Boden aufsprang, und schlug zugleich die Beine übereinander. Ein Trick, den man dem durchschnittlichen deutschen Abwehrrecken nicht empfehlen kann …

René Higuita oder: Wie der Torwart einen Hackentrick macht

Kolumbiens früherer Nationaltorwart René Higuita war nicht nur für seine Verbindungen zum Medellin-Kartell und für seine »Ausritte« außerhalb des Sechzehnmeterraums bekannt – sein folgenreichster war der im WM-Achtelfinale 1990, den der Kameruner Roger Milla zum zweiten Tor beim 2:1-Sieg nach Verlängerung gegen Kolumbien nutzte –, sondern auch für einen sensationellen Trick, den er erfand: Bei einem Freundschaftsspiel 1995 im Londoner Wembleystadion gegen England wandte er ihn zum ersten Mal an. Ein Torschuss kam direkt auf Higuita zugeflogen. Statt den Ball locker mit den Händen zu fangen, sprang er jedoch nach vorn, sodass seine Beine höher als sein Kopf in der Luft lagen, und kickte den Ball mit beiden Hacken von der Linie! Weil er dabei (entfernt) an einen zustechenden Skorpion erinnerte, wurde diese Art der Torverhinderung *Scorpion Trick* genannt.

XXVIII. Geflügelte Worte – Aus der Tiefe des Raumes

»Schreib'ns, was woll'n, is mir eh wurscht«, knurrte der legendäre Schweiger Ernst Happel in die Notizblöcke der Reporter. Damit war der Erfolgstrainer eine Ausnahme. Damit die Plaudertaschen, Analytiker, Bauchmenschen und Grantler unter den Trainern und Spielern ihrer Pflicht als Interviewpartner auch unfallfrei nachkommen, schicken die Vereine sie in Rhetorikkurse, zum Kameratraining und in den Sprechunterricht. Trotzdem findet sich ein reicher Fundus aus Versprechern, kryptischen Aussagen und tiefgründigen Analysen. Und dann war da noch Giovanni Trapattoni, dessen »Ich habe fertig«-Rede den deutschen Sprachschatz deutlich bereichert hat. Aber die größte Freude bietet einem doch immer noch so ein echter deutscher Kalenderspruch aus dem Hause Beckenbauer: »Wichtig ist, den Glauben und die Hoffnung nicht zu verlieren, wenn du unten bist.« Oder aus der Feder von Günter Netzer: »Das Leben fängt an, wo Fußball aufhört.«

Da grübelt der Mittelfeldspieler: Der Ball, das unbekannte Wesen

Auch unter Fußballern und Berichterstattern gibt es Dichter und Denker, die mit tiefen Einsichten Kollegen, Fans und die Mitspieler zum Denken anregen möchten. »Gott ist rund«, schrieb der brasilianische Journalist Armando Noguiera verklärend. »Der Ball ist rund«, relativierte der pragmatische Sepp Herberger. Widerspruch provoziert der Kalenderspruch von Uwe Seeler: »Das Geheimnis des Fußballs ist ja der Ball.« Zumindest bei denen, die keine guten Kopfballspieler sind. Paulo Sergio erklärte seine innige Beziehung zum Spielgerät so: »Der Ball muss gut behandelt werden, sonst behandelt er dich schlecht.«

Graskunde für den Vorstopper

Nach dem Spiel sind die Hobby-Naturwissenschaftler anzutreffen, die sich mit ihrem Spielgerät und ihrem Geläuf auseinander setzen. Beginnen wir mit der schönsten Erklärung, die je ein Fußballspieler für das Verhalten eines Balles gemacht hat: »Der Ball ist aus Leder. Das ist die Haut von der Kuh. Die Kuh grast. Deshalb will der Ball immer auf den Rasen fallen.« Carlos Dunga, Kapitän der brasilianischen WM-Siegerelf von 1994, verdankt die Fußballwelt die einleuchtende Erklärung, weshalb sich Gras und nicht Grand als Platzbelag durchgesetzt hat. Eine andere Seite beleuchtete der frühere Präsident des 1. FC Kaiserslautern, Jürgen Friedrich: »Wir brauchen wieder Spieler, die Gras fressen. Und wenn es sein muss, rohes.« Und eine ganz neue Form der Auseinandersetzung forderte Rolf Rüßmann: »Wenn wir hier nicht gewinnen, dann treten wir ihnen wenigstens den Rasen kaputt.«

Logikkurs für Geradeausläufer

»Wenns lange regnet, wird jeder mal nass«, würgte Hannes Bongartz kritische Einwände ab. »Je mehr man sich verbessert, desto besser ist das«, wusste ARD-Kommentator Gerhard Delling: Dieser Satz lohnt schon einiges Nachdenken. »Wenn man ein 0:2 kassiert, dann ist ein 1:1 nicht mehr möglich.« Diese resignierende Feststellung von Aleksandar Ristic zeigt ein tiefes Verständnis für die lineare Wucht eines Fußballspiels. Auch Kuno Klötzer resignierte angesichts dessen: »Wenn wir nicht 0:1 zurückliegen würden, könnten wir 1:0 führen.« Trainer und Spätphilosoph Dettmar Cramer erklärte schlechte Spiele auch mal medizinisch: »Aus einem traurigen Arsch kommt kein glücklicher Furz.« Trainer Klaus Augenthaler beschloss, die Kategorien einfach zu ignorieren, und kam zu der Maxime: »Egal, wie man es macht, man macht es verkehrt, also machen wir es richtig.«

Die Anderen – Interkulturelle Ansichten

»Die Schweden sind keine Holländer, das hat man ganz genau gesehen.« Und das liegt sicher nicht nur am Reisepass, das wird auch Franz Beckenbauer wissen. »Luciano ist kein Brasilianer, er ist ein Athlet«, erläuterte Berti Vogts. Im Umkehrschluss werden sich viele darüber freuen, dass alle Nicht-Athleten Brasilianer sein könnten. Auch als Nationaltrainer von Kuwait hatte Bundes-Berti die eine oder andere Unordnung zu beklagen: »Ich kenne sie vom Sehen, aber sie haben drei, vier Namen. Heißen einmal Hussein, dann Mohammed. Das ist noch ein Problem.« Trainer-Globetrotter Bora Milutinovic (bei den letzten fünf WM-Turnieren jeweils mit einem anderen Land dabei) löste Verständigungsschwierigkeiten während seiner Arbeit in China ganz pragmatisch: »Ich habe meinen Dolmetscher gebeten, mir nur die angenehmen Sachen zu übersetzen. Das gibt weniger Probleme.« Guus Hiddink ging in seiner Zeit als Nationalcoach von Südkorea gleich ganz zur nonverbalen Verständigung über: »Wir kommunizieren über Transpiration. Die Spieler sehen mich schwitzen und sind bereit, das Gleiche zu tun.« Ein beklagenswertes Wissen über die Fußballhistorie zeigte Andreas Brehme, der nach den Ausschreitungen beim UEFA-Cup-Spiel PSV Eindhoven gegen Kaiserslautern nicht wirklich betroffen war. Er forderte: »Wir müssen die deutsch-holländische Feindschaft wieder aufleben lassen.« Man kann nur hoffen, dass nicht alle das geografische Wissen eines Andreas Möller haben. Er erklärte zu seinen Wechselabsichten: »Madrid oder Mailand – Hauptsache Italien.« Aber um noch mal Berti Vogts zu Wort kommen zu lassen: »Man wirft hier Äpfel und Birnen durcheinander.«

Weggegrätscht – Wendungen für Ersatzspieler

»Fußball ist Ding, Dang, Dong. Es gibt nicht nur Ding.« Nicht immer sind die Vorgänge auf dem Platz so einfach zu erklären, wie es Giovanni Trapattoni tat. Manchmal sind die Ereignisse von so tiefer Bedeutung, dass der Sprecher zu komplizierten Wendungen greifen muss. Und die schlagen gerne mal zurück, so wie bei Andreas Möller, der tieftraurig zugeben musste: »Das ist eine Deprimierung.« Olaf Thon war sich keiner Schuld bewusst: »Ich habe ihn doch nur ganz leicht retuschiert.« Da kann man nur hoffen, dass keine Lebensgefahr droht wie bei Peter Pacult, der erklärte: »Ja, der FC Tirol hat eine Obduktion auf mich.« Helmut Schön deutete an, was er bei manchen Fragen am liebsten inhaliert hätte: »Da gehe ich mit Ihnen ganz chloroform.« Fritz Walter junior gab sich sehr zuversichtlich: »Wir sind eine gut intrigierte Truppe.« Und Sven Ratke von Dynamo Dresden war voll des Lobes über einen Ex-Kollegen: »Der Ulf Kirsten wird immer unsere Konifere bleiben«, erklärte er.

Höhere Mathematik für die Viererkette

Elf Spieler auf jeder Seite, drei Schiris plus ein Beobachter. Ein Ball, zwei Tore, drei Ersatzspieler. Und am besten immer zu Null spielen. Bei so vielen Zahlen, die sich ein Fußballer merken muss, kann auch mal etwas durcheinander geraten. So wie beim einstigen Werder-Trainer Fritz Langner, der seinen Schützlingen befahl: »Ihr fünf spielt jetzt vier gegen drei.« Horst Szymaniak tat sich keinen Gefallen, als er die Gehaltsverhandlungen in die eigene Hand nahm: »Was heißt hier ein Drittel der Nettoeinnahmen! Unter einem Viertel mache ich es nicht.« Torsten Legat zeigte sich als wahrer Optimist: »Unsere Chancen stehen 70 zu 50.« Und Fritz Walter junior erklärte glücklich: »Der Jürgen Klinsmann und ich – wir sind ein gutes Trio«, und korrigierte sich noch rechtzeitig: »Ich meine, ein Quartett.« Auch kleinere mathematische Operationen haben so ihre Tücken, wie Andreas Brehme merken musste: »Ich sage nur ein Wort: Vielen Dank!«

Handlungsanweisungen für die Spitzenspieler

Ja gut, Fußball ist ein einfaches Spiel. Und in dieser Eigenschaft wird die schönste Nebensache der Welt auch immer gern angeführt als stellvertretend für das Leben an sich. Nur allzu oft sind Fußball und Alltag eben doch nicht deckungsgleich, und dann fehlen manchem schon die Worte: »Ich bin ein vollblutiger Profi«, erklärte Miroslav Stevic. Ähnlich martialisch wollte es Spielerkollege Martin Wagner angehen: »Wir werden die Spitze mit Messer und Gabel verteidigen«, verkündete er. Das dürfte ganz nach dem Geschmack eines Thomas Helmer sein, der forderte: »Dann muss mal einer die Hand ins Heft nehmen!« »Der krempelt die Arme hoch«, sagte Manager Rainer Calmund bewundernd. Und zur Besinnung ein weiteres Zitat des unsterblichen Berti Vogts: »Hass gehört nicht ins Stadion. Die Leute sollen ihre Emotionen zu Hause in ihrem Wohnzimmern mit ihren Frauen ausleben.« Nicht auszudenken, wenn das Schule macht!

Blutgrätschen – Ausgesuchte Beschimpfungen

»Knien Sie nieder, Sie Bratwurst«. Diese in ihrer Beiläufigkeit einmalige verbale Ohrfeige an die Adresse eines Lokalreporters verdankt die Nachwelt Trainer Ernst Middendorp. Doch es geht noch rustikaler zu: »Halt die Fresse«, bat Jorginho seinen Trainer Jupp Heynckes. Zur Höchstform laufen Trainer auf, denen nur noch der Galgenhumor bleibt: »Die Kroaten sollen ja auf alles treten, was sich bewegt – da hat unser Mittelfeld ja nichts zu befürchten«, beleidigte Bundes-Berti seine Rumpelfüßler vor dem WM-Viertelfinale 1998 gegen Kroatien ganz subtil. Das dürfte die Rache sein für Urteile, die seine Kollegen über den »Terrier vom Bökelberg« abgegeben haben: »Meine nächste und schwierigste Aufgabe wird es sein, dass ich Berti beibringe, sich in das Kombinationsspiel einzuschalten«, verkündete Gladbach-Trainer Hennes Weisweiler wahrscheinlich mit tragischem Unterton. Klaus Toppmöller deutete an, dass Weisweilers Bemühungen offensichtlich wenig fruchteten: »Wenn ich so Fußball gespielt hätte wie er, nur als Wadenbeißer, hätte ich meine Fußballschuhe mit 18 verbrannt.« Auch Rudi Völler schreckte nicht vor Kollegenschelte zurück: »Was die Mannschaft um Günter Netzer früher gespielt hat, das konnte man sich doch gar nicht anschauen, das war doch Standfußball.« Schelte kommt auch aus dem Ausland: »Deutsche Spieler sind prinzipiell unbegabt«, erklärte der dänische Torwart Peter Schmeichel. Unentschieden endete ein Schlagabtausch zwischen Schiri Ahlenfelder und Paul Breitner. Der sagte: »Ahlenfelder, du pfeifst wie ein Arsch!« Darauf der Schiri: »Paul, du spielt wie ein Arsch«.

Trauer und Niedergeschlagenheit – Erklärungsversuche

Kaum ist der Schlusspfiff verhallt, lauern Reporter mit Kamera und Mikrofon den völlig entkräfteten, gar entnervten Spielern und Trainern am Spielfeldrand auf und wollen Kommentare. Das ist nicht fair, denn die Jungs haben weder Zeit, um kurz Atem zu schöpfen, noch, um die Hormone runterzukurbeln und erste Analysen vorzunehmen. Das kommt dann dabei heraus. Was soll man auch sagen, wenn alles schief gelaufen ist? TV-Kommentator Marcel Reif hatte es ja schon kommen sehen: »Durch die Einwechslung von Oliver Bierhoff hat sich nichts geändert. Im Gegenteil.« »Keiner verliert ungern«, kamen Michael Ballack die Werte durcheinander. »Heute hat mir das Glück gefehlt. Und dann kam auch noch Pech dazu«, analysierte Jürgen »Kobra« Wegmann. Fredi Bobic warb dafür, den Ball flach zu halten: »Man darf das Spiel jetzt nicht so schlecht reden, wie es wirklich war.« Martin Kree, Champions-League-Sieger 1997, analysierte treffend: »Die Taktik war in Ordnung. Nur der Gegner war zu stark.« Lothar Matthäus sah das Gute auch im Schlechten: »Außer dass wir schlecht gespielt haben, hat alles gestimmt.« Und wie geht es weiter? »Die Mannschaft müsste sich mal zusammensetzen und sich richtig auskotzen«, riet Mario Basler. Und Torwart-Titan Oliver Kahn gab nach einer schmerzlichen Pleite als Maxime aus: »Wir müssen jetzt Eier zeigen!« Jens Jeremies outete sich als Pessimist: »Das ist Schnee von morgen.«